Eckhard Schaefer

Du hast mich berührt

Eckhard Schaefer

Du hast mich berührt

Begegnungen mit Jesus. Biblische Betrachtungen

In großer Schrift

SCM R.Brockhaus

SCM
Stiftung Christliche Medien

Dieses Werk einschließlich aller seiner Teile ist urheberrechtlich geschützt. Jede Verwendung außerhalb der engen Grenzen des Urheberrechtsgesetzes ist ohne vorherige schriftliche Einwilligung des Verlages unzulässig und strafbar. Das gilt insbesondere für Vervielfältigungen, Übersetzungen und die Einspeicherung und Verarbeitung in elektronischen Systemen.

© 2013 SCM R.Brockhaus im SCM-Verlag GmbH & Co. KG
Bodenborn 43 · 58452 Witten
Internet: www.scm-brockhaus.de · E-Mail: info@scm-brockhaus.de

Die Bibeltexte sind folgender Ausgabe entnommen:
Lutherbibel, revidierter Text 1984, durchgesehene Ausgabe in neuer Rechtschreibung, © 1999 Deutsche Bibelgesellschaft, Stuttgart

Umschlaggestaltung: Provinzglück GmbH – www.provinzglueck.com
Umschlagbild: © iStockphoto.com/ilyast
Satz: Marie Franke, Köln
Druck und Bindung: CPI – Ebner & Spiegel, Ulm
Gedruckt in Deutschland
ISBN 978-3-417-26522-4
Bestell-Nr. 226.522

INHALT

Geleitwort von Horst Marquardt 7
Vorwort 9

Aufbrechen und Ankommen 11
Eine erstaunliche Wende:
  Der Fischzug des Petrus 12
Komm und sieh:
  Die ersten Jünger 21

Glauben und Zweifeln 29
Eine Geschichte vom Glauben:
  Jesus und die kanaanäische Frau 30
Ein Außenseiter im Chor der Glaubenden:
  Thomas, der Zweifler 38

Suchen und Finden 47
Auf der Suche nach Sinn:
  Jesus und Nikodemus 48
Auf der Suche nach dem Wasser des Lebens:
  Jesus und die Samariterin 57

Jubeln und Staunen 71
Wir haben unmögliche Dinge gesehen ...
  Die Heilung eines Gelähmten 72
Warum ich? Warum ich nicht?
  Die Heilung eines Kranken am Teich Betesda 80

Freude und Leid 91
Freude, Freude über Freude ...
  Die Hochzeit zu Kana 92
Jesus wehrt allem Leide:
  Die Auferweckung des Lazarus 103

Dienen und Herrschen ... 115
Ein Beispiel habe ich euch gegeben:
Die Fußwaschung ... 116
Ohne Fleiß kein Preis?
Maria und Marta ... 125

Loslassen und Festhalten ... 131
Eine zweifelhafte Größe:
Zachäus ... 132
Vermeintliche Sicherheit:
Der reiche Jüngling ... 141

Lieben und Geliebt werden ... 151
Zu viel des Guten?
Die Salbung in Betanien ... 152
Allein mit dem Auferstandenen:
Jesus und Petrus ... 159

Chance und Verweigerung ... 167
Nein danke!
Die Verwerfung Jesu in Nazareth ... 168
Es geht ums Ganze:
Vom Ernst der Nachfolge ... 177

Sammlung und Sendung ... 185
Die Gemeinde – eine bunte Gesellschaft:
Die Berufung der Zwölf ... 186
Österlicher Aufbruch ins Grenzenlose:
Die Vollmacht der Jünger ... 194

Nachwort ... 201
Quellenverzeichnis ... 205

Geleitwort von Horst Marquardt

Etwas Bekanntes so zu präsentieren, dass es neu und unverbraucht erscheint – das schaffen nicht viele. Eckhard Schaefer gelingt es. Er legt Bibeltexte so aus, dass selbst bekannten biblischen Berichten neue Seiten abgewonnen werden. Gerade wer zu den regelmäßigen Lesern des Neuen Testaments gehört, freut sich, wenn er erneut merkt, wie aussagekräftig die Texte sind. Beim Lesen habe ich allerdings auch an Menschen gedacht, die vielleicht die Lust am Bibellesen verloren haben, weil sie bisher nicht entdeckt haben, wie bereichernd Bibeltexte sein können.

Eckhard Schaefer hat etwas zu sagen. „Sagen" ist mehr oder weniger wörtlich zu verstehen, denn die Texte werden so spritzig und verständlich dargeboten, als spräche der Autor mit dem Leser. Da kommt kein Gedanke auf wie „Kenn ich schon" oder „Wie gehabt", im Gegenteil!

Mancher Leser wird feststellen: Das ist ein gutes Andachtsbuch für meine Stille Zeit. Vielleicht nimmt er es mit in seinen Hauskreis oder auf die nächste Reise. Was Eckhard Schaefer in mancher christlichen Veranstaltung feststellt (und was meines Erachtens gelegentlich auch für fromme Publikationen gilt), stimmt wohl leider: „Unser Lachbedürfnis ist unterentwickelt. Doch im Himmel wird gelacht."

Schon der Aufbau weckt Aufmerksamkeit. Da werden Themen paarweise entfaltet, die wie Gegensätze zu sein scheinen, z.B. „Glauben und Zweifeln", „Dienen und Herrschen" oder „Chance und Verweigerung". Man spürt, dass der Autor kein Theoretiker ist. Es kommt ein kundiger Seelsorger und Gesprächspartner zu Wort. Über manche Aussage habe ich nicht nur geschmunzelt, sondern laut gelacht. Eckhard Schaefer vermittelt eindrucksvoll die „Botschaft der Freude". Die sehr bewusst ausgewählten Liedstrophen am Ende jeder Andacht unterstreichen das Gesagte. Mein Wunsch: Mögen diese „Begegnungen mit Jesus" dazu dienen, dass viele Leser dankbar bekennen: „Du (Jesus) hast mich berührt."

Horst Marquardt,
Pastor i.R. der Evangelisch-methodistische Kirche (EmK)
und Vorsitzender des Kongresses christlicher Führungskräfte,
früherer Leiter des ERF, Gründer und Vorstandsvorsitzender von IDEA

Vorwort

„Herr, wir möchten Jesus gerne sehen." Das wünschte sich eine Reisegruppe aus Griechenland bei einem Besuch in Jerusalem (Johannes 12,21). Und das wünsche ich auch den Lesern dieses Buches, wenn ich nacherzähle, wovon die Evangelien berichten: Jesus begegnet Männern und Frauen, die unterschiedlicher nicht sein können. Er geht auf seine Gesprächspartner ein, fordert sie heraus, tröstet und heilt. Er will sie bekannt machen mit seinem und unserem Vater im Himmel.

Seit fünfzig Jahren predige ich in verschiedenen Kirchen und bei Gelegenheit auch auf öffentlichen Plätzen und Konferenzen das Evangelium von Jesus Christus. Mich begleitet dabei wie ein roter Faden die Frage: Wird das, was ich weitersage, wirklich ein rettendes und hilfreiches Wort sein für die Menschen, oder wird es nur eine christliche Formel sein, mit der die Zuhörer nichts anfangen können? Ich wünsche mir so sehr, dass sich heute das wiederholt, was wir in den Evangelien nachlesen können: Das Wort Gottes steht in einer lebendigen Auseinandersetzung mit dem, was die Menschen denken, fühlen, wollen und tun.

Einige der folgenden Bibelarbeiten wurden bereits in der lesenswerten Zeitschrift für Senioren *LebensLauf* veröffentlicht und für dieses Buch noch einmal überarbeitet. Andere sind neu hinzugekommen.

Beim Schreiben ertappte ich mich, wie ich ganz unbewusst altvertraute Lieder summte. Und die dazugehörenden Texte formten sich dann zu einem Gebet.

Frau S. Gabrisch vom Lektorat des Verlages danke ich für die kompetente Zusammenarbeit. Ich hatte jederzeit das Empfinden, dass wir dieselben Wünsche für unsere Leser haben: Sie mögen Jesus begegnen.

Eckhard Schaefer

Aufbrechen und Ankommen

Eine erstaunliche Wende:
Der Fischzug des Petrus

Komm und sieh:
Die ersten Jünger

Eine erstaunliche Wende
Der Fischzug des Petrus

Begegnungen lassen Spuren zurück. Begegnungen können ein Leben komplett umkrempeln. Lukas berichtet von einfachen Fischern, die nach dem Zusammentreffen mit Jesus alles liegen lassen, was ihnen bisher wichtig war, und sich neuen Aufgaben zuwenden.

Es begab sich aber, als sich die Menge zu ihm drängte, um das Wort Gottes zu hören, da stand er am See Genezareth und sah zwei Boote am Ufer liegen; die Fischer aber waren ausgestiegen und wuschen ihre Netze. Da stieg er in eines der Boote, das Simon gehörte, und bat ihn, ein wenig vom Land wegzufahren. Und er setzte sich und lehrte die Menge vom Boot aus. Und als er aufgehört hatte zu reden, sprach er zu Simon: Fahre hinaus, wo es tief ist, und werft eure Netze zum Fang aus! Und Simon antwortete und sprach: Meister, wir haben die ganze Nacht gearbeitet und nichts gefangen; aber auf dein Wort will ich die Netze auswerfen. Und als sie das taten, fingen sie eine große Menge Fische, und ihre Netze begannen zu reißen. Und sie winkten ihren Gefährten, die im andern Boot waren, sie sollten kommen und mit ihnen ziehen. Und sie kamen und füllten beide Boote voll, sodass sie fast sanken. Als das Simon Petrus sah, fiel er Jesus zu

Füßen und sprach: Herr, geh weg von mir! Ich bin ein sündiger Mensch. Denn ein Schrecken hatte ihn erfasst und alle, die bei ihm waren, über diesen Fang, den sie miteinander getan hatten, ebenso auch Jakobus und Johannes, die Söhne des Zebedäus, Simons Gefährten. Und Jesus sprach zu Simon: Fürchte dich nicht! Von nun an wirst du Menschen fangen. Und sie brachten die Boote ans Land und verließen alles und folgten ihm nach (Lukas 5,1-11).

Am Anfang dieser Geschichte lesen wir davon, wie unbedeutende Fischer ihre alltägliche Arbeit verrichten. Am Ende dieser Geschichte sehen wir, wie dieselben Leute gänzlich aus der Bahn geworfen mit einem globalen Auftrag einen Weg beschreiten, der sie um die damals bekannte Welt führen wird. Zu Beginn lernen wir Menschen kennen, die ein geregeltes, mühevolles, eintöniges, pflichtbewusstes Leben führen. Zum Schluss beobachten wir, dass nichts mehr seinen gewohnten Gang geht. Was ist passiert? Wie ist diese Wende begründet?

Die Wende ist durch die Begegnung dieser Fischer mit Jesus begründet. Wo Jesus in ein Leben hineinkommt, da führt man nicht mehr selbst Regie. Da lässt es sich nicht mehr gemütlich weiterplanen wie bisher; da werden wir vor unerwartete Entscheidungen gestellt. Jesus, Jesu Wort und Wille, wird die neue Logik des Lebens.

Jesus kann uns überall begegnen. In diesem Bericht begegnet er Simon, dem Chef der Fischereiinnung mit Sitz in

Kapernaum, und seinen Mitarbeitern an ihrem Arbeitsplatz, dort, wo es nach Fischen riecht. Anderen begegnet Jesus auf der Straße oder in der Synagoge oder in ihren Häusern. Begegnungen mit Jesus sind also nicht auf einen liturgisch-keimfreien Raum beschränkt. Überall, wo wir uns rund um die Uhr aufhalten, lieben und lachen, weinen und klagen, arbeiten und ruhen, können wir Jesus antreffen.

Jesus kann uns überall begegnen. In diesem Bericht begegnet er Simon, dem Chef der Fischereiinnung mit Sitz in Kapernaum, und seinen Mitarbeitern an ihrem Arbeitsplatz, dort, wo es nach Fischen riecht.

Die Geschichte beginnt mit der Feststellung, dass sich die Menge zu ihm drängte. Menschenmassen kommen heute in der Regel bei einem sportlichen Großereignis zusammen oder auf einem Konzert eines berühmten Künstlers. Hier jedoch drängen sich die Leute, weil sie Gottes Wort hören wollen. Und wir können ganz sicher sein, dass sie von Jesus auch nichts anderes zu hören bekommen. Als Kanzel wählt Jesus ein Boot. Es gehört Simon, der später von Jesus einen neuen Namen erhalten wird, nämlich Petrus, der Fels.

Die Geschichte Jesu mit dieser späteren Leitfigur der christlichen Gemeinde und der Mission fängt für Simon ganz harmlos an. Jesus bittet ihn, ihm mit dem, was er hat und kann, einen Gefallen zu tun. Er braucht sein Boot, um ein Stück vom Ufer abzulegen. Und er braucht seine Muskelkraft zum Rudern. Dadurch kommt Simon in den Einflussbereich Jesu. Er hat einen Platz in der ersten Reihe. Aus unmittelbarer Nähe hört er, dass das Reich Gottes keine zukünftige Utopie ist, sondern gegenwärtige Wirklichkeit. Diese Botschaft verkündigt Jesus allen, die ihm an diesem Morgen zuhören. So weit, so gut. Aber plötzlich wird das allgemein Gültige zu einer persönlichen Herausforderung. Gottes Wort ist immer ein Wort für alle und gleichzeitig ein persönliches Wort.

Simon wird mit seinem Namen gerufen: „Fahre hinaus, wo es tief ist, und werft eure Netze zum Fang aus!" (Vers 4). Jetzt kann Simon sich nicht mehr nur theoretisch mit der Predigt in einem Predigtnachgespräch beschäftigen. Jetzt muss er Farbe bekennen und eine Entscheidung treffen: fahren oder nicht fahren, fischen oder jammern, dass die Nachtarbeit vergeblich war (Vers 5)?

Es ist nicht leicht, wenn man zugeben muss, dass man mit leeren Händen dasteht, da ist Simon nicht der Einzige. Viele Menschen müssen erkennen: „Als ich aber ansah alle meine Werke, die meine Hand getan hatte, und die Mühe, die ich gehabt hatte, siehe, da war es alles eitel und Haschen nach Wind und kein Gewinn unter der Sonne" (Prediger 2,11). Das erfahren Menschen in ihrem Berufsleben, wenn sie zum „alten Eisen" gezählt werden. Das erfahren Eltern bei der Erziehung ihrer Kinder. Das erfahren Leute, wenn sie an Beziehungen denken, in die sie viel an Liebe und Geduld, an Geld und Fachwissen investiert haben. Unter dem Strich steht vorübergehend oder aber für immer die Einschätzung „vergeblich".

„Nichts gefangen" ist jedoch nicht das letzte Wort. Der Bericht endet nicht mit dieser totalen Resignation, sondern beginnt hier erst, und zwar mit dem kleinen Wort „aber".

Dieses Wort können wir sehr unterschiedlich verwenden; es kann als Abwehr oder als Beginn einer Wende dienen. Als Abwehr einer Entscheidung wurde es einmal von einem Mann gebraucht, der zwar grundsätzlich Gott recht gab, der aber seinen eigenen Weg weitergehen wollte und einer Konsequenz auswich: „Herr, ich will dir nachfolgen; aber ..." (Lukas 9,61). „Aber" ist hier der Schutz vor einem Anspruch. Jemand kann viele Worte machen. Was er eigentlich sagen will, folgt immer im Nachsatz, der mit „aber" eingeleitet wird.

Bei Simon hören wir heraus, dass er Gottes unbegrenzten Möglichkeiten mehr vertraut als seiner Berufserfahrung: „... aber auf dein Wort will ich die Netze auswerfen" (Vers 5). Er sieht seine eigene Lage ganz klar: Hat er zur besten Fangzeit, in der Nacht, nichts gefangen, so wird er auch jetzt nichts fangen. Hat er bei vollen Kräften keinen Erfolg gehabt, so wird er, müde, wie er jetzt ist, erst recht keinen Erfolg haben.

Simon sagt nicht: „Guter Meister, ich habe dir gerne zugehört, als du uns vom Reich Gottes erzähltest und uns Informationen aus der Ewigkeit offenbartest. Aber von der Berufswelt eines Fischers verstehe ich mehr, zu Hause hängt mein Meisterbrief. Du hast ein göttliches Diplom bei deiner Taufe bekommen. Davon erzählen die Leute, die am Jordan dabei waren. Ich schlage dir deshalb eine Arbeitsteilung vor. Du kümmerst dich um die Seelen der Menschen. Ich kümmere mich um den Fischereibetrieb." Menschen, die Gott auf den geistlichen Bereich beschränken wollen, sterben nicht aus.

Doch Simon sieht seine Situation realistisch. Der Glaube täuscht sich nicht bei der Einschätzung unserer eigenen Möglichkeiten. Gleichzeitig rechnet er mit den Möglichkeiten Gottes. Er muss die Frage beantworten: Wer ist stärker, Gott oder die Umstände? Simon setzt seiner Erfahrung, die ja nicht falsch ist, entgegen: „Aber auf dein Wort will ich ..." Damit öffnet er eine Tür zu den unbegrenzten Möglichkeiten Gottes.

Mit seinen Angestellten fängt er eine große Menge Fische, so viele, dass Hilfe zum Abtransport gebraucht wird. Der göttliche Segen ist für beide Boote und für die Seeleute erdrückend. Petrus weiß mit seinem Glück nichts anzufangen. Er sinkt auf die Knie und sagt: „Herr, geh weg von mir! Ich bin ein sündiger Mensch" (Vers 9).

Der Glaube täuscht sich nicht bei der Einschätzung unserer eigenen Möglichkeiten. Gleichzeitig rechnet er mit den Möglichkeiten Gottes.

Wie kommt Simon darauf? Was hatte er sich vorzuwerfen? Er hat doch den Auftrag Jesu ausgeführt. Könnte er den reichen Fang nicht als verdiente Belohnung für seinen Gehorsam annehmen? Im Anblick des Segens erhellt sich ihm blitzartig seine eigene Situation. Da ist kein Platz für den Stolz über den bewährten Glauben. Da wird der unendliche Abstand zwischen Gott und dem Menschen erkannt. Es ist nicht ein strenges Gerichtswort, das Petrus zu dieser Erkenntnis führt, sondern das gänzlich unerwartete Glück. Der Apostel Paulus hat das später so gesagt: „Weißt du nicht, dass dich Gottes Güte zur Buße leitet?" (Römer 2,4).

In der Seelsorge erlebe ich oft, dass notvolle Lebenssituationen oder Sackgassen, in die Menschen geraten sind, zum Nachdenken über Gott führen. Ganz selten aber die Erfahrung, dass Gottes unvorstellbarer Segen eine Einladung zur Buße, das heißt zum Nachdenken und zur Besinnung, ist. Es wäre so wichtig für unser Leben, dass nicht nur Not beten lehrt, sondern auch all das Gute, was wir im Leben haben. Simon hätte vor Freude in die Luft springen und Jesus eine Teilhaberschaft in seinem Betrieb anbieten können. Er fällt aber vor ihm nieder. Bevor ein Mensch „Halleluja" schreit, sollte er „Kyrie eleison" (Herr, erbarme dich) rufen.

Jesus nimmt Simon in seinen Dienst. Er geht nicht von ihm weg, wie Simon es nach seinem eigenen Urteil verdient hätte. Nein, Jesus richtet ihn auf und beauftragt ihn.

Ich denke an einen Studenten, der an meiner Tür klingelte und fragte: „Können Sie mit mir beten, damit ich meine Prüfung bestehe? Ich habe immer solche Prüfungsangst." Auf meine Frage hin, warum er zu mir komme, erzählte er von einem Mitstudenten, der ihm den Tipp gegeben hatte: „Geh zu diesem Pastor, der kann mit Leuten beten." Und treuherzig ergänzte er, dass ein Besuch beim Pastor auch billiger sei als eine psychotherapeutische Behandlung. Zunächst wollte ich diesem jungen Mann erklären, dass er sein Leben unter Gottes Herrschaft stellen müsse, um ein „Anrecht" auf eine Gebetserhörung zu haben. Dann fiel mir aber diese Geschichte von Petrus ein. Ich bete für ihn, dass Gottes übervernünftiger Friede sein Herz und seine Sinne bei der Prüfung steuern möge, und versprach ihm überzeugt, dass mindestens achtzig Prozent dessen, was er gelernt hatte, beim Examen abrufbar sein würde.

Nach einigen Wochen klingelte es erneut bei mir. Der Student stand vor der Tür und bat: „Erzählen Sie mir mehr von diesem Gott, der so gut zu mir ist. Ich habe genau das erlebt, was Sie mir zugesprochen haben. Meine Nerven flatterten nicht so wie sonst immer." Wir konnten am Ende dieses Gespräches niederknien und beten, und das wurde zum Anfang eines Lebens mit Gott für diesen Mann.

Jesus nimmt Simon in seinen Dienst. Er geht nicht von ihm weg, wie Simon es nach seinem eigenen Urteil verdient hätte. Nein, Jesus richtet ihn auf und beauftragt ihn: „Fürchte dich nicht! Von nun an wirst du Menschen fangen" (Vers 10). Das ist bis heute das eigentliche Wunder, dass Jesus für seine Mission Menschen braucht wie Simon.

Simon tut jetzt etwas, das bei den Zuschauern auf Kopfschütteln stößt. Er parkt die Boote, die bisher zu seinem Lebenserwerb nötig waren, an Land. Für seine neue Berufung sind sie hinderlich, obwohl sie für andere Fischer natürlich weiterhin wichtig sind. Jeder muss also für sich wissen, was ihn an der Nachfolge hindert. Was nicht fördert, das hält zurück. Mit Jesus bricht Simon in eine neue Freiheit auf. Das wiederholt sich bis in unsere Tage. Immer wieder erleben geistig und geistlich jung gebliebene Zeitgenossen, wie sie nach der Pensionsgrenze ausgetretene Gleise verlassen und nach der Platzanweisung Gottes für die dritte Lebensphase fragen. Nachfolge Jesu ist kein Programm, wo alles kalkulierbar und übersehbar ist. Der

Wille Jesu ist ausschlaggebend und wird unser ganzes Leben immer wieder zu überraschenden Wendungen führen, wenn wir dafür offen sind.

Wenn Christus heute Menschen sucht,
die ganz auf seiner Seite stehn,
dann soll meine Antwort sein:
Hier bin ich, Herr, segne mich.
Wenn Christus heute Menschen sucht,
die ihm zu folgen sind bereit,
darf kein Hindernis mehr sein:
Hier bin ich, Herr, löse mich!
Wenn Christus heute Menschen sucht,
die zum Gehorsam sich ihm weihn,
tret ich betend vor ihn hin:
Hier bin ich, Herr, führe mich!
Wenn Christus heute Menschen sucht,
durch die er lieben will die Welt,
will auch ich nicht ferne stehn:
Hier bin ich, Herr, stärke mich!
Wenn Christus heute Menschen sucht,
die er als Boten senden kann,
will ich folgen seinem Ruf:
Hier bin ich, Herr, sende mich!

Bodo Hoppe, 1969

Komm und sieh
Die ersten Jünger

Es gibt Stunden, die entscheiden über unser ganzes Leben. Solche unvergesslichen Momente heben sich ab vom alltäglichen Allerlei. In seinem Buch „Sternstunden der Menschheit" schreibt Stefan Zweig: „Stunden, in denen eine zeitüberdauernde Entscheidung auf ein einziges Datum, eine einzige Minute zusammengedrängt ist, sind selten im Leben eines Einzelnen und selten im Lauf der Geschichte." Von einer solchen Stunde berichtet der Apostel Johannes in seinem Evangelium. Die Erinnerung führt diesen hochbetagten Mann viele Jahrzehnte zurück. Seine erste Begegnung mit Jesus ist ihm ganz gegenwärtig. Er kann noch nach 60 Jahren den genauen Ort sowie Zeit und Stunde angeben.

> *Am nächsten Tag stand Johannes abermals da und zwei seiner Jünger; und als er Jesus vorübergehen sah, sprach er: Siehe, das ist Gottes Lamm! Und die zwei Jünger hörten ihn reden und folgten Jesus nach. Jesus aber wandte sich um und sah sie nachfolgen und sprach zu ihnen: Was sucht ihr? Sie aber sprachen zu ihm: Rabbi – das heißt übersetzt: Meister –, wo ist deine Herberge? Er sprach zu ihnen: Kommt und seht! Sie kamen und sahen's und blieben diesen Tag bei ihm. Es war aber um die zehnte Stunde (Johannes 1,35-39).*

Diese Begegnung – zwei Stunden vor Sonnenuntergang – ist Johannes – der wohl einer der beiden erwähnten Jünger ist und später das Evangelium verfasst hat; der andere ist Andreas, wie wir später erfahren – so präsent, als ob es gestern gewesen wäre. Es geht ihm so, wie es allen Menschen geht, die Jesus begegnen: Eher würde jemand seinen Geburtstag vergessen, als dass er diesen Tag vergessen könnte. Es gibt besondere Momente, die wiegen tausend andere auf.

Immer ist es Gott, der den Anstoß gibt, wenn er Menschen ruft und beruft.

Einen ganzen Tag sind Andreas und Johannes mit Jesus zusammen gewesen. Sie haben sicherlich viel zu besprechen gehabt. Von der Unterhaltung hält Johannes aber nur Bruchstücke fest. Die Person Jesu muss ihn bei diesem Treffen stärker beeindruckt haben als der Gesprächsverlauf. Das ist bei Begegnungen oft so.

Der Abschnitt im Johannesevangelium beginnt mit einer Zeitangabe. Was ist diesem unvergesslichen Tag vorausgegangen? Johannes der Täufer wirkt als Bußprediger am Jordan. Er gibt Auskunft über sich selbst und über seine Sendung (Verse 19-28). Die späteren Apostel Johannes und Andreas gehören zu diesem Zeitpunkt zu seinem Jüngerkreis. Mehrere Tage lang müssen sie schwere geistliche Kost verdauen. Der Täufer erspart seinen Zuhörern nichts. Einige Kostproben: „Niemand kann Gottes Zorn entgehen. Es kommt jemand mit eisernem Besen zum Großreinemachen. Mit der Axt wird er einen Kahlschlag vornehmen, Spreu wird er vom Weizen trennen. Was jetzt so ungehemmt geschieht, wird vergolten werden. Zeigt durch eure

Taten, dass ihr euch wirklich ändern wollt." Nachzulesen bei Matthäus und Lukas.

Solche Worte bewirken Erschrecken und Furcht. Wer sie ernst nimmt, geht bedrückt durchs Leben. Gibt es jemanden, der bei dieser Gerichtsbotschaft wirklich aufatmen kann? Fachleute meinen sogar, dass solche Bußpredigten feinfühlige Menschen krank machen. Bis heute gibt es dafür Beispiele. Weil Johannes Jesus noch nicht kannte (Verse 31.33), konnte er seinen Zuhörern nur sagen, was sie alles würden ertragen müssen. Es musste ein neuer Tag kommen (Vers 29), an dem der Bußprediger von Gott selbst auf eine neue Spur gesetzt wurde (Verse 31-34). Erst dann konnte er weitersagen, was ihm am Tag zuvor noch verborgen war (Vers 29): Da kommt jemand im Auftrag Gottes und trägt, was wir nicht ertragen können. Nachdem er zunächst von sich selbst und seiner Sendung gesprochen hat, weist er nun auf Jesus hin: „Siehe, das ist Gottes Lamm, das der Welt Sünde trägt!" (Vers 29).

Dies ist der Hintergrund für die Begegnung Jesu mit Johannes, seinem späteren Jünger, und Andreas. Für die beiden wird es eine bleibende Lebensbereicherung sein, einen Lehrer gehabt zu haben, der ihnen die Augen für die zerstörende Macht der Sünde geöffnet hat, ihnen aber gleichzeitig auch den Blick auf Jesus gewiesen hat, der Sünde nicht nur erträgt, sondern wegträgt. Welche Chance für Eltern und Großeltern bis heute! Leute, die die Diagnose für die Misere der Welt kennen, darüber nicht nur jammern, sondern auch den Therapeuten, unseren Heiland Jesus Christus, benennen, werden gesucht.

Nachdem Johannes der Täufer von sich weg auf den Sohn Gottes verwiesen hat, erlebt er, wie zwei seiner Jünger sich von ihm lösen und sich Jesus zuwenden. Der Täufer lässt sie ungehindert gehen. Bevor sie selbst etwas sagen können, ergreift Jesus die Initiative. Er kommt ihnen auf halbem Wege entgegen und fragt sie: „Was sucht ihr?" Immer ist es Gott, der den Anstoß gibt, wenn er Menschen ruft und beruft. Jesus hätte auch fragen können: „Wen sucht ihr?" Er weiß nur zu gut, dass wir Menschen in der Regel zunächst gar nicht ihn als Person suchen, sondern Sinndeutung, Erfolg oder Gesundheit. Es ist oft ein langer Weg, bis Menschen sprechen lernen: Wir suchen nicht irgendetwas bei dir, Jesus, sondern wir suchen dich.

Andreas und Johannes haben im Leben schon immer etwas gesucht. Sonst wären sie nicht zu Johannes dem Täufer gegangen. Unsere Sehnsüchte haben etwas mit Suchen zu tun. Jeder von uns sucht etwas, weil er etwas zu werden wünscht, was er nicht ist. Darin unterscheiden wir uns von den Tieren. Das Eichhörnchen ist auf einem Baum voller Nüsse vollkommen glücklich. Die Kuh ist zufrieden, wenn sie auf einer Wiese saftiges Gras findet. Unser Herz dagegen ist für Gott geschaffen und sehnt sich nach Gemeinschaft mit ihm. Seit dem verlorenen Paradies ist der Mensch auf der Suche. Der Mensch sucht seinen Ursprung und Beziehung. Die vaterlose Welt sucht ihren Vater.

Johannes und Andreas haben sicherlich nicht so abstrakte Gedanken. Sie sind von Beruf Fischer. Arbeit haben sie genug. In ihrem Familienverband sind sie geborgen. Eigentlich haben sie alles, was ein Mensch zum Leben braucht. Und doch – sie suchen etwas. Mitten in den Gefahren während ihrer Nachtarbeit auf dem Meer brauchen sie jemanden, der ihnen die Angst nimmt. In die Hände spucken und alle Kraft anspannen, damit kann man Netze aus dem Wasser ziehen. Aber das Netz der Angst, das sich um unsere Seele legt, das kriegt man dadurch nicht weg. Mitten in der Schaffenskraft ihrer Jugend brauchen sie jemanden, der ihnen sagt, dass auch das Alter lebenswert ist. Und sie suchen jemanden, der ihnen die Schuld nimmt. Denn das erleben sie täglich im Zusammensein mit anderen: Wo Menschen zusammenleben, werden sie aneinander schuldig.

Deshalb hören sie genau hin, als Johannes der Täufer am Jordan predigt und auf Jesus hinweist, der als Lamm Gottes die Sünde der Welt trägt. Die beiden Fischer vom See Genezareth sind hellwach. Sie brauchen keine langen Erklärungen. Sie leben in der Tradition ihres Volkes und kennen ihre Bibel, das Alte Testament. Zwei Dinge sind für sie deshalb glasklar. Zum einen: Die Sünde ist der Leute Verderben (Sprüche 14,34). Zum anderen: Sünde ist nur durch Versöhnung aus der Welt zu schaffen. Das Bild vom Lamm, das die Sünde wegträgt, kennen sie. Es geht zurück auf eine Sitte beim Sühneopfer der Juden am jährlichen Versöhnungstag (3. Mose 16,20-22). An diesem Tag erhielt der Hohepriester zwei Ziegenböcke. Ein Bock wurde als Sühneopfer geschlachtet. Dem anderen Bock wurden die Sünden des Volkes des letzten Jahres aufgelegt. Der Hohepriester als Repräsentant Israels stemmte die Hände auf den Kopf des Bockes, bekannte dabei die Sünden und bürdete dem Tier alle Verschuldungen auf. Dann wurde der

Bock in die Wüste an einen unbekannten Ort geführt und dort losgelassen. So war das Volk seine Sünden los.

Das wissen Johannes und Andreas. Sie wissen aber auch etwas anderes: Durch ein Ritual wird man die Sünde nicht wirklich los. Sie quält weiter das Gewissen. Auch wenn heute für viele Zeitgenossen Sünde ein Fremdwort ist, gibt es den Sündenbock sprichwörtlich immer noch, der stellvertretend an allem schuld ist.

Wir kennen die Wirkungsgeschichte dieser Begegnung. Jesu Einladung an sie wird für sie zu ihrem Lebensprogramm.
Sie laden andere ein und sagen: „Komm und sieh!"

Nachdem Jesus die Initiative für eine Begegnung ergriffen hat, sind die von ihm Angesprochenen dran. Was sollen sie antworten? Einer von ihnen fragt zurück: „Rabbi, wo ist deine Herberge?"
Ist das eine Verlegenheitsfrage? Weil sich Johannes noch nach 60 Jahren an diese Frage erinnert, vermute ich, dass er erst im Laufe der dreijährigen Jüngerschaft gemerkt hat, dass sie einen tieferen Sinn hat. Denn hinter ihr steckt die Ahnung, dass man die Wahrheit um Jesus erst dann erfährt, wenn man mit ihm lebt, in Gemeinschaft bei ihm bleibt und mit ihm einen gemeinsamen Weg geht.

Jesus antwortet schlicht: „Kommt und seht!" Sicherlich hat Jesus den Männern einiges erklärt, als sie bis vier Uhr nachmittags bei ihm blieben. Er wird ihnen gesagt haben, dass zunächst ein Stall in Bethlehem seine Herberge war. Er kam zwar in sein Eigentum als

Mitschöpfer der Welt, würde aber abgewiesen werden (Johannes 1,11). Auf der Erde haben die Füchse Gruben und die Vögel Nester, er jedoch werde auf der staubigen Landstraße leben (Lukas 9,58). Und schließlich werde nicht einmal mehr die Straße für ihn Platz haben. Der König aller Könige werde zwischen Himmel und Erde am Kreuz hängen. Aber gerade hier werde sich der prophetische Satz des Täufers über Jesus, das Lamm Gottes, erfüllen.

Was Jesus mit Johannes und Andreas alles besprochen hat, wissen wir nicht. Wir kennen aber die Wirkungsgeschichte dieser Begegnung. Jesu Einladung an sie wird für sie zu ihrem Lebensprogramm. Sie laden andere ein und sagen: „Komm und sieh!" (Johannes 1,46).

Und sie erzählen nicht nur weiter, was sie bei Jesus gefunden haben, sondern bezeugen: „Wir haben den Messias gefunden" (Johannes 1,41).

Kommen und sehen, wer Gott ist und wie Gott ist und wie er handelt: Diese Einladung gilt uns allen. Und wer diese Einladung annimmt, hält in seinen Erinnerungen fest: Dies ist die wichtigste Stunde meines Lebens.

Kommt, atmet auf, ihr sollt leben.
Ihr müsst nicht mehr verzweifeln,
nicht länger mutlos sein.
Gott hat uns seinen Sohn gegeben.
Mit ihm kehrt neues Leben bei uns ein.

Ihr, die ihr seit Langem nach dem Leben jagt
und bisher vergeblich Antworten erfragt,
hört die gute Nachricht, dass euch Christus liebt,
dass er eurem Leben Sinn und Hoffnung gibt.

Peter Strauch, 1992

Glauben und Zweifeln

*Eine Geschichte vom Glauben:
Jesus und die kanaanäische Frau*

*Ein Außenseiter im Chor der Glaubenden:
Thomas, der Zweifler*

Eine Geschichte vom Glauben
Jesus und die kanaanäische Frau

Wenn wir wissen wollen, was christlicher Glaube ist, dann finden wir in der Bibel kein umfassendes Glaubensbekenntnis, das wir bejahen müssen und das wir halten sollen. Wir lernen, besonders in den Evangelien, aus Geschichten, wie Jesus mit Menschen umgegangen ist, ihnen Wahrheiten vermittelt hat und auf sie eingegangen ist. Und wir lesen, wie diese Menschen auf Jesu Angebot reagiert haben. Glaube wächst aus der Begegnung mit Jesus. Matthäus erzählt in seinem Evangelium vom Glauben einer Mutter.

Und Jesus ging weg von dort und zog sich zurück in die Gegend von Tyrus und Sidon. Und siehe, eine kanaanäische Frau kam aus diesem Gebiet und schrie: Ach Herr, du Sohn Davids, erbarme dich meiner! Meine Tochter wird von einem bösen Geist übel geplagt. Und er antwortete ihr kein Wort. Da traten seine Jünger zu ihm, baten ihn und sprachen: Lass sie doch gehen, denn sie schreit uns nach. Er antwortete aber und sprach: Ich bin nur gesandt zu den verlorenen Schafen des Hauses Israel. Sie aber kam und fiel vor ihm nieder und sprach: Herr, hilf mir! Aber er antwortete und sprach: Es ist nicht recht, dass man den Kindern ihr Brot nehme und werfe es vor die Hunde. Sie sprach: Ja, Herr; aber doch fressen die Hunde von den Brosamen, die vom Tisch ihrer Herren fallen. Da antwortete Jesus und sprach zu ihr: Frau, dein Glaube ist groß. Dir geschehe, wie du willst! Und ihre Tochter wurde gesund zu derselben Stunde (Matthäus 15,21-28).

Jesus zieht mit seinen Jüngern über die Landesgrenze. Warum? In seinem Heimatland kam es nicht gut an, dass dieser Wanderprediger ohne Studium und Ordination durch seine Predigttätigkeit und durch seine Wundertaten solche Aufmerksamkeit erregte (Matthäus 14). Eine Prüfungskommission aus Jerusalem stellte ihn zur Rede (Matthäus 15,1-20), weil die Jünger Jesu auf einer Wanderung gegen eine überlieferte Ordnung verstoßen hatten. Jesus hatte die Mitglieder dieser Kommission als „blinde Blindenführer" (Vers 14) betitelt. Das konnte nicht ohne Folgen bleiben. Und genau diesen Folgen entzieht sich Jesus und geht deshalb über die Grenze.

Großer Glaube bedeutet für viele starker Glaube, frei von Zweifeln und Anfechtungen.

Im Ausland ereignet sich nun die Begegnung mit dieser „kanaanäischen Frau". Sie ist keine „Kirchenchristin". Sie gehört nicht zu den Personen, die um Jesus herum eine Hauptrolle spielen werden. Sie tritt ins Licht der Geschichte, als sie für ihre schwer kranke Tochter bei Jesus Hilfe sucht. Wenn es um Glaubensfragen geht, kann sie nicht mitdiskutieren. Dieser Frau sagt Jesus jedoch ein erstaunliches Wort: „Frau, dein Glaube ist groß!" Keinem seiner Jünger hat Jesus dieses Attest ausgestellt. Nur einem heidnischen Hauptmann, der seinen Dienstsitz in der Stadt Kapernaum hatte (Matthäus 8,10).

„Wenn ich doch nur richtig glauben könnte", denken viele Menschen, Fromme und auch Kirchendistanzierte. Sie meinen, dann hätten sie ein „Sesam öffne dich" in verzwickten Lebenssituationen und alles wäre viel leichter im Leben. Großer Glaube bedeutet für viele starker Glaube, frei von Zweifeln und Anfechtungen. Glaube, der Gott zum Handeln nötigt, seinen Willen beeinflusst oder seine Pläne gar ändert.

Es geschieht auch heute viel auf dem Weg zum Glauben, wenn wir Gottes Schweigen nicht als göttliche Abwesenheit und Hilflosigkeit verstehen, sondern als Einladung, ihm noch näher zu kommen.

Wenn wir diese Frau fragen könnten, ob sie mit ihrem Glauben Jesus umgestimmt hat, dann würde sie uns groß anschauen und sagen: „Ich ihn umgestimmt? Nein, er hat mich umgestimmt."

Wie fängt diese Geschichte vom Glauben an? „Und siehe, eine kanaanäische Frau kam aus diesem Gebiet und schrie: Ach Herr, du Sohn Davids, erbarme dich meiner!" (Vers 22). So fängt aller Glaube an. Man muss zu Jesus kommen. Dabei muss man oft Grenzen überschreiten, Vorurteile überwinden, ein Risiko auf sich nehmen, Enttäuschungen einstecken. Diese Frau kennt Jesus nur vom Hörensagen. Sie weiß nur, was man sich so alles von ihm erzählt, wie er Kranke heilt und sich Müttern und ihren Kindern ohne Vorurteile zuwendet.

Not lehrt beten. Und was tun Eltern und Großeltern nicht alles, wenn ihre Kinder leiden! Diese Mutter schreit hinter Jesus her. Ohne Rücksicht auf Schicklichkeit ruft sie laut ihre Not in Gottes Ohr. Sie nennt sie beim Namen. Und doch geschieht nichts. Der Mann, von dem sie gehört hat, er sei ein Erbarmer, schweigt.

Dafür reden die Jünger. Sie halten das Schweigen Jesu nicht aus. Sie verwechseln sein Schweigen mit Sprachlosigkeit. „Fertige sie ab. Sie schreit hinter uns her." Mehr haben sie nicht zu sagen. Sie fühlen sich belästigt und wollen in Ruhe gelassen werden. Was ist das doch für eine große Hürde, wenn Menschen, die zu Jesus kommen wollen, die Hartherzigkeit der Leute erleben, die zur Kerngemeinde gehören!

Für diese Mutter ist die Lieblosigkeit der Jünger jedoch kein Grund, nicht zu hoffen und zu glauben. Die Frau erkennt, dass Jesu Schweigen keine endgültige Abweisung ist. Er macht sich den Einwand der Jünger nicht zu eigen. Sie weiß, dass Jesus ihr etwas sagen will, wenn er schweigt. Deshalb läuft sie auch nicht weg, sie gibt nicht auf. Jesus begründet sein Schweigen. „Ich bin nur zu der verlorenen Herde, dem Volk Israel, gesandt." Das können wir nur verstehen, wenn wir uns in die prophetische Botschaft des Alten Testaments hineindenken. Der Weg Jesu war so bestimmt, dass er als Hirte zu den verlorenen Schafen Israels gesandt war (Hesekiel 34). Er sollte Israel erlösen (Matthäus 1,21). So war der Weg Jesu vorgezeichnet.

Von den großen Plänen Gottes hat diese Mutter keine Ahnung. Will Jesus ihr wirklich nicht helfen? Ist er nicht auch für sie zuständig? Warum hat er denn die Landesgrenze im Norden Galiläas überschritten und ist in ihre Nähe gekommen?

Die Frau ist durch das Schweigen Jesu in einen Wartezustand gekommen. Ihre Bitte ist nicht unmittelbar erhört worden, sie wurde aber auch nicht abgewiesen. Eben noch lief sie ihm nach, jetzt kniet sie vor ihm nieder und kommt dadurch in seine unmittelbare Nähe. Eben noch schrie sie hinter Jesus her, jetzt spricht sie zu ihm. Aus der Not ist sie in seine Geborgenheit gekommen. Sie hat gehofft, Jesus würde durch ein Machtwort die Krankheit der Tochter und die dahinterstehende vermutete böse Macht bezwingen. Er will ihr aber klarmachen, dass es nicht um Macht, sondern um Gnade geht. Sie entdeckt in der Nähe Jesu, dass sie selbst Hilfe braucht. „Herr, hilf mir!" (Vers 25), ruft sie. Die Sorgen um ihre Tochter haben sie aufgewühlt, jetzt erkennt sie ihre eigene Hilfsbedürftigkeit. Da ist viel passiert bei dieser Frau. Und es geschieht auch heute viel auf dem Weg zum Glauben, wenn wir Gottes Schweigen nicht als göttliche Abwesenheit und Hilflosigkeit verstehen, sondern als Einladung, ihm noch näher zu kommen. Während Gott schweigt, denkt er seine viel höheren Gedanken, verfolgt er seine viel höheren Absichten. Wir müssten das heute viel besser verstehen als jene Frau damals. Wir wissen, dass auch Jesus selbst Gottes Schweigen ertragen musste, als er auf Golgatha starb. Davon wusste die Frau noch nichts.

Mit einem Bild verdeutlicht Jesus, dass es um göttliche Gnade und nicht um ein Zeichen seiner Macht oder gar um einen Anspruch auf Heilung geht. „Es ist nicht recht, dass man den Kindern ihr Brot nehme und werfe es vor die Hunde" (Vers 26).

Dieses Beispiel versteht sie gut. Sie weiß, dass damit Juden und Heiden gemeint sind. Sie hat kein Recht auf den „Sohn Davids" (Vers 22), den Nachfahren des großen Königs David und den angekündigten Retter. Ist der Vergleich mit einem Hund nicht eine zu große Demütigung? Martin Luther spricht davon, dass diese Frau erst einige „Knüffe" aushalten musste, ehe ihr Hilfe zuteilwurde. Ihre Situation kann man in einem modernen Bild so ausdrücken: Ein Verkehrspolizist, der dem Autofahrer das Zeichen „Halt" gibt, will ihn nicht zum Umkehren, sondern zum Warten veranlassen, ihn in den Verkehrsstrom einordnen, um ihm dann „freie Fahrt" zu geben. Wir meinen oft: Wenn Gott „Halt" sagt, dann meint er „Nein". Die Frau harrt bei Jesus aus. Das für sie schroffe Bild begreift sie als Hinweis auf die Heilsordnung, die wir nicht umkehren können. Sie versteht, dass sie keinen Rechtsanspruch auf Gottes Eingreifen einklagen kann. Sie spekuliert nicht auf das Mitleid Jesu. Sie gibt Jesus recht und sagt: „Ja, Herr!"

Wer sich an Gottes Gnade gewöhnt, macht Gottes große Taten gewöhnlich.

In der Schule des Glaubens lernen wir: Es ist nicht die Pflicht und die Schuldigkeit Jesu Christi, Sünde zu vergeben, Leben zu erneuern, Krankheit zu besiegen und uns durch die Nacht des Todes zu führen. Wer sich an Gottes Gnade gewöhnt, macht Gottes große Taten gewöhnlich und lebt einen christlichen Lebensstil zum Abgewöhnen.

Von dieser einfachen Frau können wir lernen. Sie sagt zu Jesu Diagnose „Ja". Aber dann vollbringt sie – wie Martin Luther sagt – ein wahres „Meisterstück" des Glaubens: „Sie schlägt den Herrn mit seinen eigenen Worten. Sie wirft ihm den Sack seiner Verheißungen vor die Füße." Sie sagt: „Ja, Herr; aber doch fressen die Hunde von den Brosamen, die vom Tisch ihrer Herren fallen" (Vers 27).

Sehr genau hat sie hingehört. Jesus hat nicht den Ausdruck gewählt, der für wild herumstreunende Hunde gebraucht wird. Er hat vom Haus- oder Schoßhund gesprochen, der im Haushalt versorgt wird. Die Frau legt ihm sein eigenes Wort vor. Das Brot reicht für Kinder und Hunde. Sie sagt damit: „Deine Gnade ist so groß. Sie gilt auch mir. Nichts habe ich zu bringen. Alles, Herr, bist du." Die Frau hat Jesus in großer Ausdauer und bedingungsloser Ergebenheit beim Wort genommen. Und das nennt Jesus einen großen Glauben. Als die Mutter Gottes Gnade annimmt, ist der Teufel entmachtet: „Und ihre Tochter wurde gesund zu derselben Stunde" (Vers 28). Manchmal wird Kindern geholfen, wenn sich die Eltern helfen lassen.

Großer Glaube bedeutet nicht, geistliche Muskeln spielen zu lassen und fromme Worte im Bauchladen vor sich herzutragen, sondern mit leeren Händen Jesu Nähe zu suchen und den Herrn beim Wort zu nehmen.

Keiner wird zuschanden, welcher Gottes harrt;
sollt ich sein der Erste, der zuschanden ward?
Nein, das ist unmöglich, du getreuer Hort!
Eher fällt der Himmel, eh mich täuscht dein Wort.
Du hast zugesaget: Wer da bittet, nimmt;
wer da sucht, soll finden, was ihm Gott bestimmt.
Wer im festen Glauben mutig klopfet an,
dem wird ohne Zweifel endlich aufgetan.
Nun so will ich's wagen, Herr, auf dein Gebot,
alle meine Sorgen und auch fremde Not,
all mein heimlich Grämen, alles, was mich quält,
dir ans Herz zu legen, der die Tränen zählt.

Gustav Knak, 1860

Ein Außenseiter im Chor der Glaubenden
Thomas, der Zweifler

Der Evangelist Johannes berichtet zum Schluss seines Evangeliums von einer Begegnung mit Jesus, die in die Zukunft der Gemeinde weist. Da wird von einem Mann berichtet, der das Glaubensbekenntnis nicht einfach gedankenlos nachplappern will, sondern nur gesicherte, beweisbare und nachvollziehbare Tatsachen als Lebensfundament anerkennt. Diese Auffassung ist typisch für viele Zeitgenossen heute. „Ich glaube nur, was ich sehe, was ich im Labor messen und analysieren und in der Geschichte wiederholen kann", das ist die Lebensphilosophie seit der Aufklärung. Ähnlich hat bereits vor mehr als zweitausend Jahren Thomas, ein Jünger Jesu, gedacht. Wenn es um den Glauben ging, wollte er auf keinen Fall einer Täuschung anheimfallen. Johannes berichtet von ihm:

> *Thomas aber, der Zwilling genannt wird, einer der Zwölf, war nicht bei ihnen, als Jesus kam. Da sagten die andern Jünger zu ihm: Wir haben den Herrn gesehen. Er aber sprach zu ihnen: Wenn ich nicht in seinen Händen die Nägelmale sehe und meinen Finger in die Nägelmale lege und meine Hand in seine Seite lege, kann ich's nicht glauben. Und nach acht Tagen waren seine Jünger abermals drinnen versammelt und Thomas war bei ihnen. Kommt Jesus, als die Türen verschlossen waren, und tritt mitten unter sie und*

spricht: Friede sei mit euch! Danach spricht er zu Thomas: Reiche deinen Finger her und sieh meine Hände, und reiche deine Hand her und lege sie in meine Seite, und sei nicht ungläubig, sondern gläubig! Thomas anwortete und sprach zu ihm: Mein Herr und mein Gott. Spricht Jesus zu ihm: Weil du mich gesehen hast, Thomas, darum glaubst du. Selig sind, die nicht sehen und doch glauben! Noch viele andere Zeichen tat Jesus vor seinen Jüngern, die nicht geschrieben sind in diesem Buch. Diese aber sind geschrieben, damit ihr glaubt, dass Jesus der Christus ist, der Sohn Gottes, und damit ihr durch den Glauben das Leben habt in seinem Namen (Johannes 20,24-29).

Wie konnte es dazu kommen, dass Thomas als „Zweifler" in die Geschichte eingegangen ist? Im Neuen Testament wird er nirgends so genannt. Matthäus berichtet, dass bei der ersten Begegnung Jesu mit seinen Jüngern nach seiner Auferweckung „einige zweifelten" (Matthäus 28,17). Bei dieser Begegnung war Thomas nach dem Johannesbericht aber gar nicht dabei (Vers 24). Den Beinamen „Zweifler" hat er deshalb wohl nicht verdient. Er begegnet uns als nachdenklicher Mensch. Er ist ein Realist, dem der Bericht von der Auferstehung Jesu Schwierigkeiten bereitet, weil alle menschliche Erfahrung dagegen spricht. Er pocht auf seinen Verstand und betont, erst wenn er die Wundmale Jesu sehe und seine Finger in sie lege, werde er glauben. Nicht auf gute Worte seiner Mitjünger hin will er glauben. Er will mit allen Sinnen davon überzeugt werden, dass der, von dessen Erscheinung die anderen Jünger berichten, wirklich der Jesus ist, der ans Kreuz genagelt wurde. Das unterscheidet ihn von einem Skeptiker, der grundsätzlich alles mit einem Fragezeichen versieht, was über sein tägliches Einmaleins hinausgeht. Und das unterscheidet ihn auch von misstrauischen Menschen, die mit festgelegten negativen Vorurteilen bereits Antworten haben, bevor die Fragen gestellt sind. Thomas fragt aufrichtig und sucht nach Antworten.

Was wir sonst noch von ihm wissen, bestätigt diesen Charakterzug. Er war vermutlich still und zog sich mit seinen Gedanken eher zurück. Nur Johannes berichtet von ihm. Das erste Wort, das von ihm überliefert wird, stammt aus der Zeit etwa zwei oder drei Monate vor der Kreuzigung. Ein Freund Jesu mit Namen Lazarus ist gestorben (Johannes 11,1-16). Jesus will die Angehörigen aufsuchen. Die Jünger warnen Jesus davor, nach Betanien zu gehen. Für sie bedeutet diese Reise in die Nähe von Jerusalem, den Kopf in den Rachen des Löwen zu stecken, weil Jesus bereits mit dem Tod bedroht wurde. Thomas jedoch sieht die Entschlossenheit seines Meisters, überschaut die Lage, wägt die Folgen ab und sagt: „Lasst uns mit ihm gehen, dass wir mit ihm sterben!" (Johannes 11,16).

Mit diesem Entschluss kommt er sogar dem Petrus zuvor, der sonst immer das erste Wort hat. Bald darauf informiert Jesus die Jünger, dass seine Sendung hier auf Erden zu Ende geht. Er tröstet sie mit dem Hinweis, dass er nur einen Weg geht, den sie eigentlich kennen müssten. Thomas leistet einen Offenbarungseid über seine Unwissenheit. „Herr", bekennt er, „wir wissen nicht, wo du hingehst" (Johannes 14,5). Wenn er etwas nicht weiß, dann wünscht er sich mehr Licht in der Sache. Vermutlich wussten die anderen auch nicht, was Jesus meinte. Sie waren aber zu stolz, um nachzufragen.

Thomas gehört also zu den Leuten, die sich weigern, etwas anzuerkennen, was sie mit dem Verstand nicht begreifen können. Der Glaube bedarf für ihn einer Bestätigung durch eine Erfahrung, durch Sehen und Fühlen. Deshalb ist es auch nicht verwunderlich, dass er mit der Auskunft seiner Mitjünger, den auferstandenen Herrn gesehen zu haben, Schwierigkeiten hat. Das könnte ja auch eine bloße „Vision" gewesen sein. Thomas weiß, dass die Menschen geneigt sind zu sehen, was sie sehen wollen. Vermutlich gehörte er zu der Gruppe jener trauernden Jünger, die bei der Kreuzigung Jesu von ferne zusahen (Lukas 23,49). Die Fakten sind also klar: Jesus ist gestorben und begraben. Das ist das Ende. Kein Wunschdenken kann ungeschehen machen, was die Feinde Jesu getan haben. Mit seiner Trauer will er alleine sein, sich unbeeinflusst neu orientieren, sich nicht von Gefühlen fortreißen lassen. Deshalb isoliert er sich.

Wenn Gott weit weg zu sein scheint, dann muss ich prüfen, wer sich wegbewegt hat: Gott von mir oder ich mich von Gott.

Wenn Gott weit weg zu sein scheint, dann muss ich prüfen, wer sich wegbewegt hat: Gott von mir oder ich mich von Gott. Je weiter ich mich von der Gemeinschaft der Glaubenden fortbewege, umso stärker wird der Zweifel zum Zwillingsbruder des Glaubens. Durch Wegbleiben versäumen wir Entscheidendes. Gewiss – ich kann auch in einsamer Abgeschiedenheit glauben lernen. In der Regel ist aber die christliche Gemeinde der Ort, wo sehr unterschiedliche Glaubenszeugnisse und Glaubenserfahrungen zusammentreffen. Hier lerne ich, dass die Botschaft Gottes nicht von einem Menschen allein verstanden und begriffen werden kann.

Thomas findet zurück in die Gemeinschaft der Jünger. Er will aber handgreifliche Tatsachen. Er will nicht nur theologische Begriffe für wahr halten. Er will im wahrsten Sinne des Wortes „begreifen", das heißt zugreifen. Er braucht einen überzeugenden Beweis, bevor er selbst ein Osterzeuge wird. Ungeprüftes will er nicht übernehmen, Leben aus zweiter Hand kommt für ihn nicht infrage. Er braucht Gewissheit.

Thomas ist ein Beispiel für suchende Menschen, die ihr Lebenshaus auf einen begründeten Glauben aufbauen wollen. Grundlage dafür ist das Entgegenkommen Gottes, der sich uns offenbart und selbst durch verschlossene Türen zu uns kommt. Zweifel sind Entwicklungsphasen auf dem Weg zu einem tragfähigen Glauben. Der naive Mensch und der kindliche Mensch brauchen nicht zu zweifeln. Ein Kleinkind zweifelt nicht, denn die Mutter hat es gesagt. Ein 15-Jähriger aber fragt: „Ist das, was die Mutter gesagt hat, auch das Richtige?" Naiver Glaube reicht in den Schönwetterzeiten des Lebens aus. Wenn Stürme und Anfechtungen kommen, hat ein solcher Glaube allerdings oft keine Tragkraft.

Thomas will es genau wissen. Seine mit dem Rabbi Jesus begonnene dreijährige Geschichte hat durch das Sterben Jesu am Kreuz ein jähes Ende gefunden. Einige Freunde aus dem Jüngerkreis erzählen ihm, dass diese Geschichte eine Fortsetzung erfährt, weil Jesus auferstanden ist. Jetzt will er sich selbst ein Bild davon machen, ob der Gekreuzigte mit dem Auferstandenen identisch ist. Das erklärt seinen Wunsch nach einem Erkennungszeichen. Er erfährt, dass der Auferstandene alles Wort für Wort verstanden hat, was er acht Tage zuvor ungereimt ausgesprochen hat. Das ist bis heute die nachösterliche Situation:

Soeben noch stellte er Bedingungen, jetzt stellt er sich bedingungslos Jesus zur Verfügung.

Jesus Christus ist zwar unsichtbar, aber doch ganz nah und gegenwärtig. Thomas erkennt: Jesus hat mich gesehen, gehört und durchschaut, auch als er nicht ausdrücklich sichtbar war. Er erschrickt, weil der Auferstandene ihn beim Wort nimmt. Jesus lädt zu einer Nagelprobe des Vertrauens ein, lässt sich auf die „Bedingungen" des Thomas ein. Er ist bereit, dem Fragenden und ehrlich Suchenden den geforderten Beweis zu geben. Er zeigt ihm seine Nägelmale, nicht seine geballte Faust. Kein Vorwurf, sondern ein Vorbild: Jesus hält ihm seine Wunden hin, die Zeichen seiner ewigen Barmherzigkeit und Treue.

In diesem Augenblick konzentriert sich Jesu ungeteilte Liebe ausschließlich auf Thomas. Die übrigen Jünger sind anwesend, von ihnen wird aber nichts ausgesagt. Wenn ein Mensch im Lichtkegel Gottes dem gegenwärtigen Jesus gegenübersteht, dann macht er die gleiche Erfahrung wie Thomas. Er weiß: Mein Sehen ist nicht entscheidend. Von Gott gesehen zu werden, ist entscheidend. Mein Wunsch, mit meinen Händen etwas zu tasten, ist belanglos. Sein Greifen nach mir ist wichtig. Thomas streckt seine Hand nicht aus, um sie in die Wundmale Jesu zu legen. Er akzeptiert, dass Jesus seine Hand auf ihn legt. Mit Unglauben und Zweifel werden wir nicht fertig, wenn wir Argumente sammeln und für unsere Vernunft und Sinne einsichtige Beweise erstreben. Wir werden damit nur fertig, wenn der Sohn Gottes uns mit seiner Liebe beschenkt und in seinen Frieden zurückbringt. Das erkennt Thomas in einem Augenblick. Er merkt es, als Jesus ihn anredet und ihm seine Worte wiederholt: „Sei nicht ungläubig, sondern gläubig!" (Vers 27).

Wer sich von Jesus fortbewegt, wer sich von der Gemeinschaft der Jünger trennt, ist auf dem Weg, „ungläubig" zu werden. Diesen Weg will Thomas nicht einschlagen. Soeben noch stellte er Bedingungen, jetzt stellt er sich bedingungslos Jesus zur Verfügung. „Mein Herr und mein Gott!" (Vers 28). Der Jünger mit dem fragenden und bohrenden Verstand gibt der Christenheit ihr grundlegendes Bekenntnis, das Christus als Herren und Gott verkündet. Und dieses Bekenntnis teilt bis heute jeder, der von dem Wort und der Gegenwart Jesu Christi überwältigt wird. Es geht letztlich nicht darum, Beweise der Gegenwart Gottes zu bekommen, sondern sich über Erweise der Liebe Gottes zu freuen. Hier sind die Zeitzeugen Jesu, die vor mehr als zweitausend Jahren gelebt haben, nicht bevorzugt. Hier ist kein Zeitgenosse des 21. Jahrhunderts benachteiligt! So wie Jesus am Anfang über die zehn Jünger hinwegschaut und allein zu Thomas hin, so schaut er jetzt über Thomas weg zu uns: „Selig sind, die nicht sehen und doch glauben!" (Vers 29). Wir gehören zu den Leuten, denen Petrus schreibt: „Ihn habt ihr nicht gesehen und habt ihn doch lieb; und nun glaubt ihr an ihn, obwohl ihr ihn nicht seht; ihr werdet euch aber freuen mit unaussprechlicher und herrlicher Freude" (1. Petrus 1,8).

Ich weiß, woran ich glaube,
ich weiß, was fest besteht,
wenn alles hier im Staube
wie Sand und Staub verweht;
ich weiß, was ewig bleibet,
wo alles wankt und fällt,
wo Wahn die Weisen treibet
und Trug die Klugen prellt.
Ich weiß, was ewig dauert,
ich weiß, was nimmer lässt;
auf ewgen Grund gemauert
steht diese Schutzwehr fest.
Es sind des Heilands Worte,
die Worte fest und klar;
an diesem Felsenhorte
halt ich unwandelbar.

Ernst Moritz Arndt, 1819

Suchen und Finden

Auf der Suche nach Sinn:
Jesus und Nikodemus

Auf der Suche nach dem Wasser des Lebens:
Jesus und die Samariterin

Auf der Suche nach Sinn
Jesus und Nikodemus

Ein Angehöriger der Oberschicht kommt zu einem einfachen Handwerker. Ein Mitglied des Hohen Rates sucht Kontakt zu einem Unruhestifter. Ein Hüter der Tradition bittet um einen Termin bei jemandem, der die Grundlagen dieser Tradition antastet. Ein alt gewordener Mann sucht einen jüngeren Rabbi auf. Das kann eine spannende Begegnung werden. Das Gespräch bei diesem Treffen hält uns bis heute in Atem. Der Evangelist Johannes berichtet als Einziger davon:

Es war aber ein Mensch unter den Pharisäern mit Namen Nikodemus, einer von den Oberen der Juden. Der kam zu Jesus bei Nacht und sprach zu ihm: Meister, wir wissen, du bist ein Lehrer, von Gott gekommen; denn niemand kann die Zeichen tun, die du tust, es sei denn Gott mit ihm. Jesus antwortete und sprach zu ihm: Wahrlich, wahrlich, ich sage dir: Es sei denn, dass jemand von Neuem geboren werde, so kann er das Reich Gottes nicht sehen. Nikodemus spricht zu ihm: Wie kann ein Mensch geboren werden, wenn er alt ist? Kann er denn wieder in seiner Mutter Leib gehen und geboren werden? Jesus antwortete: Wahrlich, wahrlich, ich sage dir: Es sei denn, dass jemand geboren werde aus Wasser und Geist, so kann er nicht in das Reich Got-

tes kommen. Was vom Fleisch geboren ist, das ist Fleisch; und was vom Geist geboren ist, das ist Geist. Wundere dich nicht, dass ich dir gesagt habe: Ihr müsst von Neuem geboren werden. Der Wind bläst, wo er will, und du hörst sein Sausen wohl; aber du weißt nicht, woher er kommt und wohin er fährt. So ist es bei jedem, der aus dem Geist geboren ist. Nikodemus antwortete und sprach zu ihm: Wie kann dies geschehen? Jesus antwortete und sprach zu ihm: Bist du Israels Lehrer und weißt das nicht? Wahrlich, wahrlich, ich sage dir: Wir reden, was wir wissen, und bezeugen, was wir gesehen haben; ihr aber nehmt unser Zeugnis nicht an. Glaubt ihr nicht, wenn ich euch von irdischen Dingen sage, wie werdet ihr glauben, wenn ich euch von himmlischen Dingen sage? Und niemand ist gen Himmel aufgefahren außer dem, der vom Himmel herabgekommen ist, nämlich der Menschensohn. Und wie Mose in der Wüste die Schlange erhöht hat, so muss der Menschensohn erhöht werden, damit alle, die an ihn glauben, das ewige Leben haben. Denn also hat Gott die Welt geliebt, dass er seinen eingeborenen Sohn gab, damit alle, die an ihn glauben, nicht verloren werden, sondern das ewige Leben haben (Johannes 3,1-16).*

Nikodemus wählt die Nachtstunden für diese wichtige Begegnung. Wohl nicht aus Feigheit, um unerkannt zu bleiben. Abends ist die Temperatur abgekühlt. Man hat auch einen kühlen Kopf, man kann klarer denken. Und klar denken will dieser Gelehrte aus der Metropole Jerusalem auch bei Gesprächen über den Glauben.

Anlass für diese Begegnung ist bei Nikodemus sicherlich nicht die Erwartung, neues Wissen aufzuhäufen. Als „Lehrer Israels" wurde er ja gerade wegen seines erworbenen Wissens durch das Studium der alten Schriften verehrt. Anlass für diese Begegnung ist vielmehr seine Beobachtung, dass dieser Rabbi aus Galiläa durch Kraftwirkungen und Taten auffällt, die nur dadurch zu erklären sind, dass Gott ihn dazu legitimiert hat.

Jesus macht deutlich: Was wirklich zählt, kannst du dir nicht selbst geben. Das Wesentliche im Leben ist nicht machbar, es muss uns geschenkt werden.

Nikodemus eröffnet das Gespräch, höflich und ehrerbietig. Er liefert auch die Stichworte für den von ihm erhofften Gesprächsverlauf. Er würde gerne mehr von diesem Rabbi und seinem Auftraggeber erfahren.

Doch Jesus übergeht schlichtweg alle Freundlichkeiten. Er plaudert nicht unverbindlich über seine Sendung. Nach den Begrüßungsworten gibt er eine Antwort auf eine nicht direkt gestellte Frage. Ohne Umschweife macht er dadurch deutlich, dass bloße Diskussionen nicht weiterhelfen, wenn nicht die tiefste aller Lebens- und Glaubensfragen beantwortet ist: Wie bekomme ich Anteil am Heil Gottes, wie bekomme ich ewiges, das heißt unzerstörbares Leben? Diese Frage wird in der Regel nicht direkt gestellt. Aber Jesus „wusste, was im Menschen war"

(Johannes 2,25). Er weiß, dass auch religiöse Menschen, die von Jugend an die Gebote gehalten haben und in den Augen der Menschen ein untadeliges Leben führen, mit einem Rest Unsicherheit in die Zukunft schauen. Reicht das, was ich geleistet habe? Werde ich einmal gewogen und vielleicht zu leicht befunden?

Irgendwann, z.B. in der sprichwörtlichen Midlife-Crisis, aber auch in den späten Lebensjahren, kann es vorkommen, dass ich einen Graben zwischen dem, was ich bin und erreicht habe, und dem, was ich hätte sein können, empfinde. Was habe ich nicht alles erhofft und geträumt, als ich jung war, und was ist daraus geworden? Feuer wollte ich gemeinsam mit anderen in der Gemeinde und in der Gesellschaft vom Himmel holen, aber jetzt beschäftige ich mich damit, dass Burn-out kein Fremdwort ist. Und manchmal beschleicht mich der beunruhigende Gedanke, den ein Prophet bereits 2500 Jahre vor mir hatte: Es ist vieles oder alles umsonst gewesen (Jesaja 49,4). Mir begegnen häufig Männer und Frauen, die mit einem Seufzer in der Stimme sagen: „Ach, könnte ich noch einmal von vorne anfangen, manches ungeschehen machen, verpasste Gelegenheiten nachholen." Solche Fragen werden oft gerade in Nachtstunden wach.

Jesus macht deutlich: Was wirklich zählt, kannst du dir nicht selbst geben. Das Wesentliche im Leben ist nicht machbar, es muss uns geschenkt werden. Ein auf Beachtung der Gebote gegründeter Glaube trägt nicht bis in die Ewigkeit. Auch ein auf Wunder gegründeter Glaube, den Nikodemus in seiner Eingangsbegrüßung anspricht, würde immer wieder neue Fragen aufwerfen. Was ist, wenn Wunder einmal ausbleiben? Wunder wirken Bewunderung, aber kein neues Leben.

Durch seine unverhoffte Einlassung gibt Jesus seinem Besucher zu verstehen: An dir muss etwas Grundlegendes geschehen. Du musst vom Katheder des Lehrers absteigen in einen geistlichen Kreißsaal und von Neuem geboren werden. Das ewige, unzerstörbare Leben kannst du dir nicht selber geben, genauso wenig wie dieses vergängliche Leben.

Würde Jesus diesem rechtschaffenen Mann Auflagen machen und zusätzliche Erwartungen formulieren, die über das Halten des Sabbatgebotes und über die Beachtung der Reinigungsvorschriften hinausgehen, würde er einwilligen. Aber von Neuem, von oben geboren werden? Das sprengt alle Denkmöglichkeiten. Die Rückfrage von Nikodemus ist verständlich. Er begreift nicht den verborgenen Sinn in den Worten Jesu. Wer aber nur glauben kann, was er versteht, ist arm dran. Wer klug ist, kann vielleicht die sichtbare geschaffene Welt mit seinem Forschersinn durchforsten, geistliche oder himmlische Erfahrungen bleiben ihm jedoch verschlossen. Mit seinem geschulten Verstand hätte Nikodemus durchaus Folgendes denken können: „Was der Rabbi da sagt, ist entweder lebensfremd und damit frommes Wunschdenken oder aber eine sachkundige Antwort von jemandem, dessen Heimatstadt zwar Nazareth ist, dessen erster Wohnsitz aber im Himmel ist, in der ewigen Welt Gottes. Trifft das Erste zu, dann hat das mit meiner Lebenswirklichkeit nichts zu tun. Ich kann mich für das Gespräch bedanken und gehen. Trifft das Zweite zu, dann brauche ich Gottes Geist als Türöffner für übervernünftige Erfahrungen, die aber auch ganz real sind." Und genau diese Brücke baut Jesus als Verstehenshilfe für Nikodemus, wenn er auf die Wirksamkeit des Geistes Gottes hinweist. Über den Geist Gottes können wir nicht verfügen, aber seine Gegenwart und seine Wirkung können wir spüren. Dieser kluge und gelehrte Mann verbaut sich jedoch diese Erfahrung, weil er sofort wieder die Frage stellt, wie das geschehen kann. Damit drückt er aus, dass er mit seiner Vernunft begreifen will, was man nur im Vertrauen auf Jesu „übervernünftige" Einladung ergreifen kann. Mancher möchte zum Glauben finden, stößt dabei aber auf die kritischen Fragen seines Verstandes. Wir suchen in diesem aufgeklärten Jahrhundert Antworten, die wir denken können. Was wahr ist, möchten wir schlüssig bewiesen bekommen. Wenn man nur glauben will, was man messen, wiegen und in einem Labor analysieren oder mit einem Mikroskop und Fernrohr sehen kann, dann versperrt man sich die Tür zum Glauben. Unser Wissen liefert nur bewunderungswürdige Erkenntnisse über die Welt, in der wir leben. Gewissheit ist jedoch umfassender als Wissen. Liebe, Treue, Glaube erschließen sich uns nicht durch Wissen. Persönliche Beziehungen mit Gott und abgeleitet auch mit Menschen gründen in der Gewissheit, dass derjenige, der uns seine Gemeinschaft anbietet, verlässlich ist. Erfahrungen bestätigen dann diese Gewissheit.

Nikodemus will also verstehen, was das Verstehen übersteigt. Jesus tadelt ihn deshalb nicht. Er packt ihn noch einmal bei seiner Ehre: „Du unterrichtest als Lehrer deine Schüler und erzählst ihnen, wie Gott in der Geschichte Israels wundersame Dinge in der Vergangenheit gewirkt hat, wie er durch eine erhöhte Schlange Wunder der Rettung geschehen ließ." Diese Begebenheit kennt Nikodemus. Als das Volk in der Wüste entmutigt war und mit Gott haderte, wurde jeder gerettet, der seinen Blick von der Not weg auf die bronzene, an einem Stab erhöhte Schlange richtete (4. Mose 21,4-9). Das hat Nikodemus nie bestritten, obwohl er es auch nicht mit seinem Verstand erklären kann. Aber die Begebenheit liegt lange zurück. Was aus alten Zeiten berichtet wird, hält er also für wahr und möglich. Doch warum sollte nicht auch heute möglich sein, dass Gottes Handeln die Vernunft übersteigt?

Dass hier bereits ein verborgener Hinweis auf Gottes große Rettungstat durch den Kreuzestod Jesu angedeutet wird, kann Nikodemus nicht wissen. Bei einem anderen Satz hätte er jedoch stutzig werden müssen. Jesus weist darauf hin, dass er der vom Himmel herabgekommene Menschensohn ist. Da hätten bei einem Lehrer Israels alle Glocken läuten müssen. Jesus knüpft an eine Stelle bei dem Propheten Daniel an (Daniel 7,13). Der Menschensohn ist dort der für das Ende der Zeiten verheißene Erlöser und Retter; durch sein Kommen werden der neue Himmel und die neue Erde geboren. Jesus sagt: Bereits heute kann Nikodemus Bürger dieses Reiches durch eine neue Geburt werden. Gott will ihn und seit ihm alle Menschen in sein Reich einbürgern. Meine Staatsbürgerschaft bekomme ich durch meine Geburt. Bürger des Reiches

Gottes werde ich durch eine neue Geburt. Die geschieht, wenn ich einsehe, dass ich außerhalb des Reiches Gottes ein von Gott getrennter, ein verlorener Mensch bin. Die geschieht, wenn ich die Einladung Gottes annehme und eingestehe, dass der Preis für das neue Leben nicht von mir zu leisten ist, sondern von Jesus Christus am Kreuz bezahlt wurde. Aus Dankbarkeit dafür verschreibe ich mich dem Herrn, der am Kreuz erhöht wurde, das heißt, ich vertraue mich ihm an. Durch seinen Geist schenkt er mir eine Gnadenurkunde. Darin steht schwarz auf weiß: „Also hat Gott die Welt geliebt, dass er seinen eingeborenen Sohn gab, damit alle, die an ihn glauben, nicht verloren werden, sondern das ewige Leben haben" (Vers 16).

Wer mit nachhaltigen, tief sitzenden Lebenserfahrungen Neuem begegnet, bleibt oft an der Oberfläche hängen. Er ist festgelegt und kann sich deshalb nicht für Gottes Geist öffnen, der allein als Gnadengeschenk neues Leben wirkt.

Jesus versagt sich bei der Begegnung mit Nikodemus tiefschürfenden Gesprächen über Gottes Geheimnisse. Er will nicht das Wissen des Pharisäers bereichern. Stattdessen stellt er das ganze bisherige Leben dieses aufrichtigen Gelehrten infrage, der durch gute Taten und durch fromme Leistung eine Beziehung zu Gott aufbauen will. Auf fromme Rituale und Leistungen ist Nikodemus durch seine jahrelange Erziehung quasi geeicht. Wer aber mit nachhaltigen, tief sitzenden Lebenserfahrungen Neuem begegnet, bleibt oft an der Oberfläche hängen. Er ist festgelegt und kann sich deshalb nicht für Gottes Geist öffnen, der allein als Gnadengeschenk neues Leben wirkt. Durch die neue Geburt nennt er uns seine Kinder.

Ich hatte einmal ein Gespräch mit einem jungen Mann, der keine religiöse Vorprägung hatte. Er redete in einem ersten Gebet Gott, die höchste Autorität, mit „Sie" an. Ich schaute ihn an und konnte ihm mit einem kurzen Satz das ganze Evangelium klarmachen: Du darfst zu Gott „Du" sagen. Jesus ermächtigt uns dazu. Durch ihn dürfen wir zu dem Herrn aller Herren „Vater" sagen.

Du gibst das Leben, das sich wirklich lohnt.
Für dies Versprechen hast du dich nicht verschont.
Und du gibst nicht nur ein wenig,
Herr, die Fülle ist bei dir!
Du, das Leben, gibst das Leben, das sich lohnt.
Du gibst das Leben mit einem klaren Sinn,
beendest das Verlorensein, schenkst einen Neubeginn.

Gerhard Schnitter, 1974

Auf der Suche nach dem Wasser des Lebens
Jesus und die Samariterin

„Wir wissen jetzt, dass er wirklich der Retter der Welt ist." Das sagen Bewohner in dem kleinen Dorf Sychar über Jesus. Sie haben verstanden, dass Jesus den Hunger und Durst nach Leben stillen kann. Diese Erfahrung ist nicht selbstverständlich. Sie ist ein Geschenk, ein Wunder. Und wie es zu diesem Wunder kam, erzählt der Evangelist Johannes im 4. Kapitel seines Evangeliums. Im Mittelpunkt dieses Berichtes steht die Begegnung Jesu mit einer namentlich nicht genannten Frau, die in der Dorfgemeinschaft sehr ausgegrenzt ihr Leben fristete. Die Begebenheit wird sehr anschaulich beschrieben. Ich will sie nacherzählen. Es lohnt sich aber vor dem Weiterlesen, den gesamten Text in Johannes 4,1-42 zu lesen.

> *Als nun Jesus erfuhr, dass den Pharisäern zu Ohren gekommen war, dass er mehr zu Jüngern machte und taufte als Johannes – obwohl Jesus nicht selber taufte, sondern seine Jünger –, verließ er Judäa und ging wieder nach Galiläa. Er musste aber durch Samarien reisen. Da kam er in eine Stadt Samariens, die heißt Sychar, nahe bei dem Feld, das Jakob seinem Sohn Josef gab. Es war aber dort Jakobs Brunnen. Weil nun Jesus müde war von der Reise, setzte er sich am Brunnen nieder; es war um die sechste Stunde.*

Da kommt eine Frau aus Samarien, um Wasser zu schöpfen. Jesus spricht zu ihr: Gib mir zu trinken! Denn seine Jünger waren in die Stadt gegangen, um Essen zu kaufen. Da spricht die samaritische Frau zu ihm: Wie, du bittest mich um etwas zu trinken, der du ein Jude bist und ich eine samaritische Frau? Denn die Juden haben keine Gemeinschaft mit den Samaritern. Jesus antwortete und sprach zu ihr: Wenn du erkenntest die Gabe Gottes und wer der ist, der zu dir sagt: Gib mir zu trinken!, du bätest ihn und er gäbe dir lebendiges Wasser. Spricht zu ihm die Frau: Herr, hast du doch nichts, womit du schöpfen könntest, und der Brunnen ist tief; woher hast du dann lebendiges Wasser? Bist du mehr als unser Vater Jakob, der uns diesen Brunnen gegeben hat? Und er hat daraus getrunken und seine Kinder und sein Vieh. Jesus antwortete und sprach zu ihr: Wer von diesem Wasser trinkt, den wird wieder dürsten; wer aber von dem Wasser trinken wird, das ich ihm gebe, den wird in Ewigkeit nicht dürsten, sondern das Wasser, das ich ihm geben werde, das wird in ihm eine Quelle des Wassers werden, das in das ewige Leben quillt. Spricht die Frau zu ihm: Herr, gib mir solches Wasser, damit mich nicht dürstet und ich nicht herkommen muss, um zu schöpfen! Jesus spricht zu ihr: Geh hin, ruf deinen Mann und komm wieder her! Die Frau antwortete und sprach zu ihm: Ich habe keinen Mann. Jesus spricht zu ihr: Du hast recht geantwortet: Ich habe keinen Mann. Fünf Männer hast du gehabt, und der, den du jetzt hast, ist nicht dein Mann; das hast du recht gesagt. Die Frau spricht zu ihm: Herr, ich sehe, dass du ein Prophet bist. Unsere Väter haben auf diesem Berge angebetet, und ihr sagt, in Jerusalem sei die Stätte, wo man anbeten soll. Jesus spricht zu ihr: Glaube mir, Frau, es kommt die Zeit, dass ihr weder auf diesem Berge noch in Jerusalem den Vater anbeten werdet. Ihr wisst nicht, was ihr anbetet; wir wissen aber, was wir anbeten; denn das Heil kommt von den Juden. Aber es kommt die Zeit und ist schon jetzt, in der die wahren Anbeter den Vater anbeten werden im Geist und in der Wahrheit; denn auch der Vater will solche Anbeter haben. Gott ist Geist, und die ihn anbeten, die müssen ihn im Geist und in der Wahrheit anbeten. Spricht die Frau zu ihm: Ich weiß, dass der Messias kommt, der da Christus heißt. Wenn dieser kommt, wird er uns alles verkündigen. Jesus spricht zu ihr: Ich bin's, der mit dir redet. Unterdessen kamen seine Jünger, und sie wunderten sich, dass er mit einer Frau redete; doch sagte niemand: Was fragst du?, oder: Was redest du mit ihr? Da ließ die Frau ihren Krug stehen und ging in die Stadt und spricht zu den Leuten: Kommt, seht einen Menschen, der mir alles gesagt hat, was ich getan habe, ob er nicht der Christus sei! Da gingen sie aus der Stadt heraus und kamen zu ihm. Inzwischen mahnten ihn die Jünger und sprachen: Rabbi, iss! Er aber sprach zu ihnen: Ich habe eine Speise zu essen, von der ihr nicht wisst. Da sprachen die Jünger untereinander: Hat ihm jemand zu essen gebracht? Jesus spricht zu ihnen: Meine Speise ist die, dass ich tue den Willen dessen, der mich gesandt hat, und vollende sein Werk. Sagt ihr nicht selber: Es sind noch vier Monate, dann kommt die Ernte? Siehe, ich sage euch: Hebt eure Augen auf und seht auf die Felder, denn sie sind reif zur Ernte. Wer erntet, empfängt schon seinen Lohn und sammelt Frucht zum ewigen Leben, damit sich miteinander freuen, der da sät und der da erntet. Denn hier ist der Spruch wahr: Der eine sät, der andere erntet. Ich habe euch gesandt zu ernten, wo ihr nicht gearbeitet habt; andere haben gearbeitet, und euch ist ihre Arbeit zugutegekommen. Es glaubten aber an ihn viele der Samariter aus dieser Stadt um der Rede der Frau willen, die bezeugte: Er hat mir alles gesagt, was ich getan habe. Als nun die Samariter zu ihm kamen, baten sie ihn, bei ihnen zu bleiben; und er blieb zwei Tage da. Und noch viel mehr glaubten um seines Wortes willen und sprachen zu der Frau: Von nun an glauben wir nicht mehr um deiner Rede willen; denn wir haben selber gehört und erkannt: Dieser ist wahrlich der Welt Heiland.

Jesus will von Jerusalem Richtung Norden nach Galiläa wandern. Er wählt dafür den kürzesten Weg. Der führt durch Samarien. Die Mehrzahl der Reisenden nimmt für diese Strecke einen Umweg in Kauf, denn die Juden meiden dieses Gebiet. Für Jesus ist es jedoch kein Tabubezirk. Das ist bemerkenswert. „Die Juden haben keine Gemeinschaft mit den Samaritern" (Vers 9b). Weit zurückliegende Spannungen sind der Grund dafür. Rassistische Vorurteile trennten Juden und Samariter. Und wo Vorurteile regieren, ist der Mensch nicht frei. Er sieht die Wirklichkeit verzerrt.

Jesus meidet Samarien nicht. In der Nähe eines Dorfes legt er an einem Brunnen eine Rast ein. Er ist von dem langen Weg müde. Seine Jünger gehen in die Stadt, um Reiseproviant zu kaufen. Da kommt eine Frau. In der glühenden Mittagshitze legt sie ganz allein den Weg zum Brunnen zurück. Nicht ohne Grund. Sie vermeidet bewusst, mit den anderen Frauen ihres Ortes gemeinsam in der Abendkühle zu kommen. Sie will niemandem begegnen. Ein moralisches Vorurteil hindert sie daran. Niemand spricht mit ihr. Aber viele sprechen über sie. Sie wünscht sich Kontakt und fürchtet ihn zugleich.

Die Frau erschrickt, als sie einen Fremden am Brunnenrand entdeckt. Zu diesem Zeitpunkt weiß sie noch nicht, dass sie es mit dem Retter der Welt zu tun hat. Sie sieht einen erschöpften Mann, der durstig und hungrig ist und einen Schattenplatz am Brunnenrand sucht. Von Weitem und auf den ersten Blick sieht man es Jesus nicht an, wer er wirklich ist. Bis heute ist das so.

Jesus nimmt Kontakt zu dieser Frau auf. Ein jüdischer Mann sprach eigentlich nie in der Öffentlichkeit mit einer Frau. Ein Rabbi durfte sie nicht einmal grüßen. Rassistische, weltanschauliche, moralische und soziale Vorurteile trafen hier zusammen. Für Jesus sind sie kein Hindernis, wenn es zu einer Begegnung kommen soll. Er liebt die unmöglichen Situationen, weil er hier helfen kann.

Von Weitem und auf den ersten Blick sieht man es Jesus nicht an, wer er wirklich ist. Bis heute ist das so.

Jesus ist von der Arbeit müde. Er ist aber nicht für die Arbeit müde. Müdigkeit ist nicht zuallererst eine Frage der körperlichen Energie. Müdigkeit und Erschöpfung hängen auch damit zusammen, ob wir eine Aufgabe haben, die uns ausfüllt und begeistert. Eine Frau, die auf Schnäppchenjagd in einem Kaufhaus war, sagte einmal: „Solange ich Geld in der Brieftasche hatte, spürte ich meine Füße nicht." Wer kein Ziel vor Augen hat, wird hingegen leichter müde. „Ich bin so müde vom Seufzen", weiß der Beter in Psalm 6. Wenn man nur das sieht, was man nicht mehr kann und nicht mehr hat, kommt man aus dem Klagen und manchmal auch Anklagen und Seufzen nicht heraus. Aus dem Einsatz der Kräfte, auch der begrenzten Kräfte, kommt jedoch neue Kraft. In der Gemeinde des Herrn Jesus Christus gibt es keine Arbeitslosen.

Jesus seufzt nicht, als er in seiner Mittagsruhe unterbrochen wird. „Gib mir zu trinken", bittet der Mitschöpfer aller Brunnen und Meere eine Frau, die innerlich ausgepumpt und leer ist. Er kennt ihre Vergangenheit und auch das Leben, das sie jetzt führt. Er kennt die Spielregeln des sogenannten guten Tons, was man tut oder besser nicht tut, wenn man nicht auffallen will. Doch das ist für ihn nicht entscheidend. Er handelt ganz unbefangen und bittet um Wasser. „Wie? Du, ein Jude, bittest mich, eine Samariterin?"

Verwunderung und Erstaunen aufseiten der Frau. Sachgemäßes Handeln aufseiten Jesu. Er sieht die Sehnsucht nach Verständnis und Gemeinschaft. Und er antwortet: „Wenn du wüsstest, wer dich um Wasser bittet und was Gott schenken kann, so würdest du ihn bitten, und er gäbe dir lebendiges Wasser." Die Frau bemerkt nicht, was ihr angeboten wird. Wie sollte sie auch? Sie hat ganz praktische Einwände. Wie kann man ohne einen Eimer lebendiges Wasser schöpfen? Sie versteht Jesus noch nicht. Das geistliche Angebot missversteht sie als ein materielles.

Jesus verliert nicht die Geduld, sondern führt das Gespräch zielgerichtet weiter. „Wer dieses Wasser trinkt, wird wieder durstig. Wer aber von dem Wasser trinkt, das ich ihm gebe, wird niemals mehr Durst haben. Ich gebe ihm Wasser, das sich in seinem Inneren in eine sprudelnde Quelle verwandelt, die ewiges Leben schenkt." Nun müsste die Frau doch langsam ahnen, was Jesus ihr anbietet. Zwar versteht sie, dass man immer wieder neu durstig und hungrig wird. Wasser in ihrem Krug und Lebensmittel in der Einkaufstasche sind keine Mittel zum wirklichen Leben. Alles Schöne hält nur für kurze Zeit. Das ist ihre tägliche Erfahrung. Gibt es das wirklich, nie mehr Durst haben? Ihre Lebensführung und damit verbunden ihre Lebenserfahrung sprechen dagegen: immer mehr Durst und immer wieder Durst. Gier nach Leben erzeugt neue Gier. Viele Jahrhunderte später hat es

Eleonore Fürstin von Reuß so ausgedrückt: „Sie suchen, was sie nicht finden in Liebe und Ehre und Glück, und sie kommen belastet mit Sünden und unbefriedigt zurück." Zur Lebenserfahrung der Frau am Brunnen gehört: Jede Freude im Leben ist mit der Angst vor ihrem Ende verbunden. Zum ersten Mal im Leben begegnet sie jedoch einem Mann, der nichts von ihr fordert. Da will ihr jemand etwas schenken. Eine Quelle soll in ihr sprudeln, unaufhörlich sprudeln.

Es ist noch ein langer Weg, bis sie erkennt, was Jesus wirklich meint. Jesus bemüht sich, ihre Gedanken auf das geistliche Gebiet zu lenken. Aber sie bewegt sich noch immer im Bereich der sichtbaren Dinge, vielleicht mit einer gewissen Sehnsucht nach etwas, was darüber hinausgeht. „Herr, gib mir solches Wasser. Dann werde ich keinen Durst mehr haben und muss nicht mehr herkommen, um Wasser zu schöpfen!" Jesus will etwas schenken, was den Lebensdurst stillt und Bedeutung für Zeit und Ewigkeit hat, und die Frau denkt an eine Erleichterung für ihren Haushalt.

Bis zu diesem Zeitpunkt hat Jesus das getan, was auch wir tun können, wenn wir in Begegnungen mit anderen Menschen Christus bezeugen wollen. Er hat einen Anknüpfungspunkt für ein Gespräch gesucht, und zwar auf der Ebene ganz natürlicher Bedürfnisse. Wichtig ist es, überhaupt ein Gespräch zu beginnen; vertiefen können wir es immer noch. Jesus tut das mit einem klaren Ziel. Er macht dabei die Erfahrung, die wir auch machen. Es gibt keine spezielle Sprache für geistliche Wahrheiten. Wir können immer nur Worte und Begriffe verwenden, die möglichst lebensnah sind, aber in der Regel bereits mit diesseitigen

Erfahrungen besetzt sind. Wo wir tief gegründete und begründete Wahrheiten meinen, verstehen andere dann möglicherweise vordergründige Einsichten.

Als Jesus erkennt, dass er seinem Ziel, nämlich dem Herzen und Leben dieser Frau, nur wenig näher kommt, wagt er einen direkten Vorstoß. Er zielt auf den eigentlichen Lebensnerv. „Geh hin, ruf deinen Mann und komm wieder her!" Diese unverhoffte Aufforderung trifft die Frau wie ein Schlag. Nach Meinung mancher Leute mischt sich Jesus hier in private Angelegenheiten. Er tritt als Moralprediger auf. Wenn dieses Vorurteil über Jesus stimmen würde, müsste die Frau es zuallererst so empfinden. Wie kommt es aber, dass sie schlussendlich bekennt: „Dieser Mann ist wirklich und in Wahrheit der Retter der Welt!"? Sie fühlt sich von ihm nicht disqualifiziert. Sie weiß sofort: Dies ist für mich die Stunde der Wahrheit, in der ich durchschaut bin. Es ist aber auch die Stunde der Liebe, in der ich so, wie ich bin, angenommen bin.

Diese Frau hat begriffen, dass die Liebe Gottes uns immer da erreichen muss, wo sich rund um die Uhr unser Leben abspielt.

Diese Frau hat begriffen, dass die Liebe Gottes uns immer da erreichen muss, wo sich rund um die Uhr unser Leben abspielt. Wenn schon einen Heiland, dann brauchen wir ihn da, wo etwas in unserem Leben nicht mehr heil ist. Jesus rührt durch seine Aufforderung ganz zart an den wunden Punkt ihres Lebens. Zum Geschenk des Glaubens gehört, dass die Schuldfrage nicht ausgeklammert, sondern gelöst wird. Es ist überlebenswichtig, mit

Gott versöhnt zu sein. Es ist aber auch wichtig, mit der eigenen Biografie versöhnt zu sein.

Zunächst versucht die Frau ein Ausweichmanöver. Es ist oft ein langer Weg, sich zur eigenen Lebensschuld zu bekennen. „Ich habe keinen Mann." Diese Antwort ist eine Halbwahrheit und somit auch eine Halblüge. Und damit kann man nicht sinnerfüllt leben und hoffnungsfroh sterben. Jesus beharrt darauf, dass Schuld aufgedeckt wird. Er tut das, weil nur dann Vergebung und ein Neuanfang möglich sind. „Es stimmt, wenn du sagst, dass du keinen Mann hast. Du warst fünfmal verheiratet, und der Mann, mit dem du jetzt zusammenlebst, ist gar nicht dein Mann. Da hast du ganz recht."

Jesus wollte von ihr eine klare Entscheidung. Um dem Eingeständnis ihrer Schuld auszuweichen, flüchtet sie in eine theologische Diskussion.

Wenn Menschen etwas über die Vergangenheit anderer herausbekommen, liefert das häufig Gesprächsstoff. Bei Jesus spürt sie jedoch wie bei einem Arzt: Er stellt die Diagnose, um richtig helfen zu können. Deshalb nennt sie ihn später auch Heiland. Vorher versucht sie ein weiteres Ausweichmanöver. Sie lenkt vom Thema ab, indem sie eine Debatte beginnt. Dafür wählt sie mit Berechnung ein Thema, das mit Sicherheit eine Diskussion hervorruft: die uralte Diskussion der Juden und Samariter über den rechten Ort der Anbetung. Jesus wollte von ihr eine klare Entscheidung. Um dem Eingeständnis ihrer Schuld auszuweichen, flüchtet sie in eine theologische Diskussion. Dieses beliebte Gesellschaftsspiel hat bis heute viele Nachahmer gefunden. Wo Jesus Gehorsam will, beschäftigen wir uns mit der Gottesfrage grundsätzlich. Wir werden aber nicht durch christliche Lehrsätze gerettet, sondern durch eine Person. Es gibt viele ernste Fragen, es gibt aber auch Spiegelfechtereien. Es gibt aufrichtige Zweifel, aber auch solche, die als vorgeschobenes Alibi für den eigenen Unglauben herhalten müssen. Für die Frau am Jakobsbrunnen war es nicht lebenswichtig zu erfahren, wo man Gott anzubeten hat. Sie musste lernen, dass Gott nicht an Orte, Zeiten und Riten gebunden ist. Jesus macht ihr klar: „Es kommt die Zeit, und sie ist bereits da, in der die wahren Anbeter den Vater anbeten werden in Geist und Wahrheit; Gott ist Geist, und die ihn anbeten, die müssen ihn im Geist und in der Wahrheit anbeten." Damit rührt Jesus in ihr etwas an, was verschüttet, aber noch nicht begraben ist, nämlich das Wissen um den kommenden Messias. Sie sagt: „Wenn der Messias kommen wird, dann wird er das alles verkündigen." Welch eine meisterhafte Gesprächsführung, die Hoffnung dieser Frau wieder ans Licht zu holen. Ihr gegenüber offenbart sich Jesus. „Du sprichst mit ihm. Ich bin es." Das verschlägt ihr den Atem. Sie steht dem erwarteten Messias gegenüber. Welche Hoffnung, welche Liebe, was für eine Gunst der Stunde!

Nun weicht sie Jesus nicht mehr aus. Sie sieht sich, wie sie ist. Der Augenblick, wo jemand Gott erkennt, gehört ihm und Gott allein. Da stören andere, auch die Jünger, die aus der Stadt zurückkommen. Die Frau lässt ihren Wasserkrug stehen, geht ins Dorf und sagt zu den Leuten: „Kommt mit und seht euch den Mann an, der mir alles gesagt hat, was ich jemals getan habe! Vielleicht ist er der versprochene Retter."

Ihren Krug lässt die Frau stehen. Sie braucht ihn vorerst nicht mehr. Sie hat den Heiland der Welt kennengelernt, der den Lebensdurst stillt; der weiß, wer sie ist, und sie trotzdem liebt. Jetzt tut sie etwas, das von ihr ersehnt war, aber das sie nicht mehr gewagt hat: Sie sucht Gemeinschaft mit denen, die sie gemieden hat. Sie will berichten, was sie nicht für sich behalten kann. Es sprudelt aus ihr heraus: „Jesus, der Retter, ist da." Damit wird sie zur Botin der Wahrheit. Sie muss sich nicht mehr verstecken, sie kann sich öffentlich zu ihrer Vergangenheit bekennen. „Komm mit", sagt die Frau, die sonst immer allein ging. Sie hilft durch ihre ansteckende Freude, dass auch ihre Mitbürger bekennen: „Jetzt vertrauen wir Jesus nicht nur wegen deiner Erzählung, sondern weil wir selbst erfahren haben, dass er wirklich der Retter der Welt ist." Für die Samariterin gilt nach ihrer Begegnung mit Jesus, was in einem Buchtitel so ausgedrückt ist: Wandle dich und du wandelst die Welt.

Ich denke an einen Mann, der während seiner Berufsjahre weltweit mehrere bedeutende Hotels gemanagt hat. Ich lernte ihn kurz nach seiner Pensionierung kennen. Er hatte sich auf diesen Einschnitt in seinem Leben nicht vorbereitet und steckte jetzt in dem berühmt-berüchtigten dunklen Loch. Gott und Jesus Christus waren für ihn nur Begriffe ohne Inhalt. Wir begegneten uns auf einer Tagung für kirchliche Mitarbeiter. Er hatte keine Hoffnung, wenn er an seine Zukunft dachte. „Mein Leben ist so leer und ohne Perspektive", meinte er in einem Gespräch. Ich erzählte ihm, dass Jesus Christus unseren Hunger und Durst nach einem sinnvollen und erfüllten Leben stillen kann. Höflich distanziert hörte er mir zu. Zum Abschluss unserer Tagung wollten wir Abendmahl feiern. Er wollte nur als „Zaungast" daran teilnehmen. Aber dann passierte etwas, was sich mir unvergesslich eingeprägt hat. Dieser Mann verlangte nach dem Abendmahlsteller, hielt den Teller lange fest und betete dann zum ersten Mal in seinem Leben Worte, die ich nicht vergessen werde: „Gott, ich habe in meinem Leben viele Selbstbedienungsbuffets arrangiert. Manchmal hat es sechs Stunden gedauert, alles aufzubauen. Und dann sind die Leute gekommen und haben in einer halben Stunde alles weggeputzt. Ich erkenne, dass alles, was ich bislang in meinem Leben getan habe, nichtig ist. Gib mir doch jetzt von dem Brot des Lebens, von dem ich niemals wieder hungrig werde." Als der Kelch weitergereicht wurde, erzählte er Gott, dass er in seinem Leben oft teuerste Weine kredenzt hatte, die aber nur für einen Augenblick Freude bereiteten. Er bat Gott um das Lebenswasser, das unseren Durst für immer stillt. Gott selbst hat diesem Mann während dieser Feier den Tisch gedeckt.

Die Samariterin ist ein geistlicher Buchungsbeleg für die Lebenserfahrung: Gerettetsein gibt Rettersinn.

Jesus ist kommen, die Quelle der Gnaden:
komme, wen dürstet, und trinke, wer will!
Holet für euren verderblichen Schaden
Gnade aus dieser unendlichen Füll!
Hier kann das Herze sich laben und baden.
Jesus ist kommen, die Quelle der Gnaden.

Johann Ludwig Konrad Allendorf, 1736,
aus: Jesus ist kommen

Jubeln und Staunen

Wir haben unmögliche Dinge gesehen ...
Die Heilung eines Gelähmten

Warum ich? Warum ich nicht?
Die Heilung eines Kranken am Teich Betesda

Wir haben unmögliche Dinge gesehen ...
Die Heilung eines Gelähmten

Jemand liest ein spannendes Buch. Er hält den Nervenkitzel nicht aus, überspringt mehrere Seiten und schaut auf den letzten Seiten nach, wie das Ganze ausgeht. Damit ist die Spannung weg. Ich möchte jedoch bewusst mit der Pointe eines Berichtes beginnen und dadurch Spannung aufbauen. Von einem Hausgottesdienst, an dem auch Jesus und seine Jünger teilnahmen, will ich berichten. Zum Abschluss dieses Gottesdienstes sagen die Anwesenden nicht „Amen" und gehen wieder nach Hause, wie sie gekommen sind. Vielmehr kommen sie zu dem Ergebnis: „Wir haben heute seltsame Dinge gesehen." So übersetzt Martin Luther. In anderen Übersetzungen lesen wir: „Wir haben unglaubliche (oder auch: unmögliche) Dinge gesehen." Oder: „Wir haben merkwürdige Dinge gesehen." In diesem Gottesdienst muss demnach etwas passiert sein, was in kein Schema passt, was den Rahmen sprengt. Solche Gottesdienste würde ich auch gerne erleben. Ich wünsche mir Begegnungen mit Jesus, die eine immer neue Faszination des alten Evangeliums vermitteln. Sehr oft seufzen Gottesdienstbesucher jedoch: „Wie gehabt", anstelle von: „Noch nie gehabt."

Lukas berichtet von diesem Hausgottesdienst im 5. Kapitel, Verse 17-26:

Und es begab sich eines Tages, als er lehrte, dass auch Pharisäer und Schriftgelehrte dasaßen, die gekommen waren aus allen Orten in Galiläa und Judäa und aus Jerusalem. Und die Kraft des Herrn war mit ihm, dass er heilen konnte. Und siehe, einige Männer brachten einen Menschen auf einem Bett; der war gelähmt. Und sie versuchten, ihn hineinzubringen und vor ihn zu legen. Und weil sie wegen der Menge keinen Zugang fanden, ihn hineinzubringen, stiegen sie auf das Dach und ließen ihn durch die Ziegel hinunter mit dem Bett mitten unter sie vor Jesus. Und als er ihren Glauben sah, sprach er: Mensch, deine Sünden sind dir vergeben. Und die Schriftgelehrten und Pharisäer fingen an zu überlegen und sprachen: Wer ist der, dass er Gotteslästerungen redet? Wer kann Sünden vergeben als allein Gott? Als aber Jesus ihre Gedanken merkte, antwortete er und sprach zu ihnen: Was denkt ihr in euren Herzen? Was ist leichter, zu sagen: Dir sind deine Sünden vergeben, oder zu sagen: Steh auf und geh umher? Damit ihr aber wisst, dass der Menschensohn Vollmacht hat, auf Erden Sünden zu vergeben – sprach er zu dem Gelähmten: Ich sage dir, steh auf, nimm dein Bett und geh heim! Und sogleich stand er auf vor ihren Augen und nahm das Bett, auf dem er gelegen hatte, und ging heim und pries Gott. Und sie entsetzten sich alle und priesen Gott und wurden von Furcht erfüllt und sprachen: Wir haben heute seltsame Dinge gesehen.

Wenn Menschen Jesus begegnen, löst das etwas aus, was unsere Vorstellungskraft übersteigt. In diesem Hausgottesdienst gibt es etwas zu hören und zu sehen. Jesus lehrt und heilt. Das reicht, um viele Leute anzuziehen. Notleidende kommen, Kranke und Neugierige, Wundersüchtige. Aber auch Fachanwälte für theologische Fragen. Manche sind da, um vorurteilsfrei zu hören und zu lernen, andere suchen nach dem berühmten Haar in der Suppe. Einige haben Hunger und Durst nach Wahrheit und Gerechtigkeit. Andere wollen nur ihre fertige Überzeugung bestätigt bekommen. Wenn Jesus lehrt, sind seine Worte nicht fromme Absichtserklärungen. Seine Worte ereignen sich. Heute gibt es in unseren Gottesdiensten in der Regel nur etwas zu hören, Richtiges, manchmal auch Todrichtiges. Ob wir in unseren Gottesdiensten aber nicht manchmal nur Worten oder Wörtern, nicht jedoch dem lebendigen Jesus Christus begegnen?

Zwischen Hilfesuchenden und Jesus steht bis heute die von vielen Zeitgenossen als mangelhaft und makelhaft empfundene oder auch erlebte Gestalt der Kirche.

Dass Jesus helfen kann, glauben auch vier Männer, die ihren gelähmten Freund zu Jesus bringen wollten. Jesus ist für sie aber nicht erreichbar. Es gibt viele Gründe, warum Jesus für suchende Menschen nicht erreichbar ist. In unserem Bericht wird festgehalten, dass viele Menschen, meist fromme Menschen, breitschultrig um Jesus herumstehen und dadurch den Weg versperren. Zwischen Hilfesuchenden und Jesus steht bis heute die von vielen Zeitgenossen als mangelhaft und makelhaft empfundene oder auch erlebte Gestalt der Kirche. Manchmal verdunkeln auch Diskussionen über die Gestaltung von Gottesdiensten, über Liedgut und Frömmigkeitsstile den Blick auf Jesus. Menschen, die nach Wahrheit und nach Leben suchen, stoßen sich an der dürftigen Verwirklichung unseres Glaubens, am Widerspruch zwischen dem, was wir sagen und was wir leben. Es stimmt schon, was ein Zyniker sagte: „Mit dem da oben bin ich zufrieden, aber sein Bodenpersonal taugt nicht."

Da bewundere ich diese vier Männer. Für sie sind die Leute, die Jesus umlagern, kein Grund, umzukehren und sich abzuwenden. Sie wollen ihren kranken Freund zu Jesus bringen. Und wer das wirklich will, findet auch einen Weg. Wenn der übliche Zugang, die Tür, versperrt ist, muss man eben eine außergewöhnliche Lösung suchen. Sie steigen auf das Dach, räumen einige Ziegel ab und verschaffen dem Kranken dadurch einen Platz in der ersten Reihe. Das nenne ich Vertrauen. Wo geglaubt wird, rieselt der Kalk. Da ist etwas zu sehen.

Es ist dem Glauben dieser Männer zu verdanken, dass Jesus hier eingreift. Wohl den Menschen, wenn sie selbst keine Hoffnung haben oder sich selbst nicht auf den Weg machen können oder wollen, aber andere haben, die stellvertretend glauben. Das geschieht bis heute. Als der Kirchenvater Augustinus noch ein ausschweifendes Leben führte, bat seine fromme Mutter einen christlichen Bischof um Hilfe. „Es ist unmöglich", sagte der, „dass ein Kind, für das so innig gebetet wird und um dessentwillen so viele Tränen vergossen werden, ganz verderben kann." Das ist

Trost für Eltern und Großeltern, die den Lebensweg ihrer Kinder und Enkel im Gebet begleiten.

Wenn Glaube nicht nur mit Worten bekannt, sondern in Taten sichtbar wird, passieren seltsame, merkwürdige Dinge. Bei einem Besuch in Korea hörte ich von einer Frau, die bei den täglichen frühmorgendlichen Gebetstreffen immer ein Paar Schuhe vor den Altartisch stellte. Auf die Frage, warum sie das tue, sagte sie zu ihrem Pastor: „Diese Schuhe gehören meinem Mann. Er will selbst nicht kommen. Ich bringe schon einmal seine Schuhe. Irgendwann wird er selbst kommen." Nach einiger Zeit wurde tatsächlich auch ihr Mann ein Nachfolger Jesu Christi.

Für den Gelähmten und für seine Freunde beginnt die Begegnung mit Jesus mit einer Enttäuschung. Die Zuwendung Jesu geschieht anders, als sie es erwartet haben. Jesus sagt zu dem Kranken: „Mensch, deine Sünden sind dir vergeben" (Vers 20). Dafür hatten sie das alles nicht bewerkstelligt. Ein befreiendes Wort, das die Bewegungseinschränkung ihres Freundes aufhebt, hatten sie erhofft und erwartet. Doch die für jedermann erkennbare Not wird von Jesus nicht einmal erwähnt.

Auch redet Jesus diesen Mann nicht mit seinem individuellen Namen an. „Mensch", sagt er. Unseren Kindern würden wir das nicht durchgehen lassen. War Jesus unhöflich? Ganz bestimmt nicht. Seine Anrede macht deutlich: Es gibt einen tödlichen Schaden, der jeden betrifft. Und es gibt ganz individuelle persönliche Kennzeichen in unterschiedlichen Lebenssituationen. Dazu gehören Leid, Krankheit, wirtschaftliche Not, Trauer, Zukunftsangst, aber auch Gesundheit, Glück und Freude. Wenn es um Schuld und Sünde geht, wird etwas aufgedeckt und diagnostiziert, was jeden Menschen betrifft. Und deshalb gebraucht Jesus als Anrede den Gattungsbegriff „Mensch". Nicht aus Ohnmacht gegenüber der Krankheit, sondern aus Macht gegenüber dem viel Verderblicheren handelt Jesus hier. Er will diesen Menschen nicht mit einer frommen Redensart abspeisen.

Unter den Zuhörern Jesu sind auch murrende Pharisäer und Schriftgelehrte. Für sie ist der Zuspruch der Sündenvergebung Gotteslästerung. Er fragt sie: „Was ist leichter zu sagen: Dir sind deine Sünden vergeben, oder zu sagen: Steh auf und geh umher?" (Vers 23). Kein Zweifel, Ersteres zu sagen ist leichter. Zu vollbringen ist es aber schwerer. Heilen kann, manchmal zwar nur in beschränktem Umfang, auch ein kompetenter Arzt. Sünden vergeben kann jedoch nur Gott. Das haben auch die Pharisäer richtig erkannt. Sie ziehen nur aus der richtigen Erkenntnis nicht die auch für ihr Leben so wichtigen Folgerungen. Sie hätten ja auch zu der Einsicht kommen können, dass sie es bei Jesus mit Gott zu tun haben, verborgen in menschlicher Gestalt.

Indem Jesus zunächst sagt und tut, wozu er gar nicht gebeten wurde, nämlich Sünden vergibt, macht er deutlich: Dir, Mensch, ist gar nicht geholfen, wenn ich alles, was dich vordergründig bewegt und bedrückt, heile, die Sünde und damit die Gottestrennung aber bleiben würden.

Indem Jesus zunächst sagt und tut, wozu er gar nicht gebeten wurde, nämlich Sünden vergibt, macht er deutlich: Dir, Mensch, ist gar nicht geholfen, wenn ich alles, was dich vordergründig bewegt und bedrückt, heile, die Sünde und damit die Gottestrennung aber bleiben würden. Für den Kranken ist das eine Ent-Täuschung. Er wird von einer Täuschung befreit. Was für ihn zunächst die Hauptsache war, wird zur Nebensache. Nachdem Jesus in Vollmacht das getan hat, was nur Gott tun kann, spricht er als Zeichen seiner Vollmacht: „Steh auf, nimm dein Bett und geh heim!" (Vers 24). Jetzt kann der Kranke das tun, was er bisher nicht konnte: Er kann aufstehen und er kann das Bett tragen. Bislang hat das Bett ihn getragen. Bisher war das Bett ein notwendiger Behelf und Ausdruck seiner Bedürftigkeit. Jetzt wird es zu einem Zeichen der erfahrenen Hilfe. Was ihn bisher täglich an seine Begrenzung und die damit verbundene Not erinnerte, wird jetzt zu einem Zeichen göttlicher Kraft.

In der Begegnung mit Jesus werden wir aus Täuschungen in die Wahrheit über Gott und uns selbst geführt. Wir erleben eine „Wurzelbehandlung", die den tödlichen Schaden der Menschen aufdeckt und heilt. Wenn wir das selbst erleben oder in einem Gottesdienst mitbekommen, dann staunen auch wir und preisen Gott, der so unbegreifliche, staunenswerte und unfassbare Erfahrungen schenkt.

Beleb dein Werk, o Herr,
zeig deinen starken Arm,
weck durch dein Wort die Toten auf,
der Deinen Herz mach warm.

Beleb dein Werk, o Herr,
was krank ist, mache wohl,
den Durst und Hunger still in mir,
mach uns des Geistes voll.
Beleb dein Werk,
gib neuen Gnadenschein;
dir wird dafür dann Preis und Ehr
und uns der Segen sein.

Albert Midlane, 1858

Warum ich? Warum ich nicht?
Die Heilung eines Kranken am Teich Betesda

Ohne Begegnungen, ohne Gegenüber, vermag niemand zu leben. Einsamkeit tötet. Johannes berichtet, wie ein durch Krankheit gezeichneter Mann, quasi die „Hoffnungslosigkeit in Person", Jesus Christus begegnet, der „Hoffnung in Person".

Danach war ein Fest der Juden, und Jesus zog hinauf nach Jerusalem. Es ist aber in Jerusalem beim Schaftor ein Teich, der heißt auf Hebräisch Betesda. Dort sind fünf Hallen; in denen lagen viele Kranke, Blinde, Lahme, Ausgezehrte. Sie warteten darauf, dass sich das Wasser bewegte. Denn der Engel des Herrn fuhr von Zeit zu Zeit herab in den Teich und bewegte das Wasser. Wer nun zuerst hineinstieg, nachdem sich das Wasser bewegt hatte, der wurde gesund, an welcher Krankheit er auch litt. Es war aber dort ein Mensch, der lag achtunddreißig Jahre krank. Als Jesus den liegen sah und vernahm, dass er schon so lange gelegen hatte, spricht er zu ihm: Willst du gesund werden? Der Kranke antwortete ihm: Herr, ich habe keinen Menschen, der mich in den Teich bringt, wenn das Wasser sich bewegt; wenn ich aber hinkomme, so steigt ein anderer vor mir hinein. Jesus spricht zu ihm: Steh auf, nimm dein Bett und geh hin! Und sogleich wurde der

Mensch gesund und nahm sein Bett und ging hin. Es war aber an dem Tag Sabbat. Da sprachen die Juden zu dem, der gesund geworden war: Es ist heute Sabbat; du darfst dein Bett nicht tragen. Er antwortete ihnen: Der mich gesund gemacht hat, sprach zu mir: Nimm dein Bett und geh hin! Da fragten sie ihn: Wer ist der Mensch, der zu dir gesagt hat: Nimm dein Bett und geh hin? Der aber gesund geworden war, wusste nicht, wer es war; denn Jesus war entwichen, da so viel Volk an dem Ort war. Danach fand ihn Jesus im Tempel und sprach zu ihm: Siehe, du bist gesund geworden; sündige hinfort nicht mehr, dass dir nicht etwas Schlimmeres widerfahre. Der Mensch ging hin und berichtete den Juden, es sei Jesus, der ihn gesund gemacht habe. Darum verfolgten die Juden Jesus, weil er dies am Sabbat getan hatte. Jesus aber antwortete ihnen: Mein Vater wirkt bis auf diesen Tag, und ich wirke auch. Darum trachteten die Juden noch viel mehr danach, ihn zu töten, weil er nicht allein den Sabbat brach, sondern auch sagte, Gott sei sein Vater, und machte sich selbst Gott gleich (Johannes 5,1-18).

Jesus will in Jerusalem das Laubhüttenfest feiern. Es war das heiligste und größte Fest, gleichzeitig auch das volkstümlichste und fröhlichste. Dabei wurde für die Wein-, Obst- und Olivenernte gedankt (2. Mose 23,16; 34,22) und an die Zeit der Wüstenwanderung erinnert (3. Mose 23,40-43).

Ausgelassenheit und Nachdenklichkeit müssen keine sich ausschließenden Gegensätze sein. Freude und Leid auch nicht. In einem alten Lied stehen die beiden Wörter in einer Zeile nebeneinander. „Jesu, meine Freude, Trost in allem Leide ..." Diese Bachkantate habe ich mir oft mit Schwerkranken gemeinsam angehört.

Bevor Jesus die Festfreude mit anderen teilen kann, muss er an einem Ort des Elends vorbei. Außerhalb der Stadtmauern im Nordosten der Stadt, nicht weit vom Tempel entfernt, dehnte sich vor dem Schaftor ein großer Doppelteich aus. Kranke, die darin badeten, wurden durch Gottes Hilfe gesund. Das sprach sich herum. Immer mehr Menschen suchten Hilfe und Heilung. Viel Not und Elend kamen hier zusammen. Die Öffentlichkeit reagierte. Man baute Wartehallen, fünf Stück wurden inzwischen benötigt. Viele kranke Menschen lagen dort. Es heißt ausdrücklich, dass Gelähmte, Blinde und Ausgezehrte auf Heilung warteten. Mit welchen Hoffnungen sie auch immer Hilfe gesucht haben, es konnten nur wenige diesen Ort geheilt verlassen. Im Volk gab es dafür eine Erklärung, die in manchen Bibelübersetzungen heute nicht zu finden ist, weil die Verse 3b-4 erst in späteren Überlieferungen eingefügt wurden. Das Merkwürdige war, so wird überliefert, dass das Wasser in diesem Teich hin und wieder in Wallung geriet. Vermutlich floss Wasser stoßweise aus der Siloaquelle. Ausgrabungen lassen das vermuten. Die Menschen glaubten, Engel bewegten das Wasser. Und nun kam es darauf an, als Erster im Teich zu baden, um gesund zu werden. Man nannte ihn „Betesda", das bedeutet „der Ort, wo Gott Gnade gibt" oder

„Haus der Barmherzigkeit". Dieser Name stand im krassen Widerspruch zu dem, was sich dort täglich abspielte. Nicht jeder Name hält, was er verspricht.

Hier kommt nun Jesus, der Retter der Welt (Johannes 4,42), an einem Sabbat vorbei. Für ihn gibt es keinen noch so hoffnungslosen Ort. Er wählt keinen Umweg um die Not. Er geht nicht auf die andere Straßenseite. Er sieht nicht weg, sondern lässt sich mit einem der Elenden näher ein. Warum gerade mit diesem und warum nur mit diesem einen? Wir erfahren es nicht. Wenn es um Krankheit, Leid, Einsamkeit und Anfechtung geht, häufen sich die Fragen, die alle mit „warum" beginnen. Allerdings stehen wir hier nicht vor einem Rätsel, wie manche meinen. Rätsel kann man lösen, wenn wir dem auf die Spur kommen, der sie gestellt hat. Wir stehen jedoch vor einem Geheimnis, das immer geheimnisvoller wird, je mehr wir darüber nachdenken. Wir Menschen können die bislang verborgenen Geheimnisse in der Tiefe und in der Höhe der geschaffenen Welt erforschen. Es scheint keine Grenzen für den menschlichen Geist zu geben. Wenn es aber um Not und Leid, um Katastrophen und Elend geht, haben wir keine schlüssigen Antworten. Wir werden demütig an unsere Begrenzungen erinnert.

Da wartet jemand 38 Jahre lang darauf, gesund zu werden. Wie alt dieser Mann ist und ob er schon bessere Jahre erlebt hat, erfahren wir nicht. Jesus sieht ihn an und fragt: „Willst du gesund werden?" (Vers 6). Eine merkwürdige Frage. Jeder will doch gesund werden, wenn er krank ist. Diesem Mann kommt die Frage völlig unerwartet. Statt Ja zu sagen, erzählt er seine Krankengeschichte. Wie oft mag er sie schon erzählt haben. Sie ist bei ihm wie auf einer Festplatte eingespeichert.

In dieser Situation handelt Jesus voraussetzungslos. Seine Hoheit und seine Vollmacht sind nicht an den Glauben dieses Kranken gebunden.

Was bezweckt Jesus nun mit dieser Frage? Er will in diesem Mann Hoffnung wecken, damit er an Gottes belebender Schöpferkraft teilhaben kann. Der Kranke am Teich kann nicht allein gehen, er ist gelähmt. Doch es gibt nicht nur körperliche Symptome. Hoffnungslosigkeit und Einsamkeit stehen auf keinem Attest, sind aber die tiefer liegende Anfechtung. Nach 38 Jahren Krankheitszeit ist die Hoffnung auf Heilung gewichen und hat Ratlosigkeit und Resignation Platz gemacht. Er hat sich mit der Situation abgefunden: „Herr, ich habe keinen Menschen. Immer habe ich das Nachsehen, wenn es um einen Anteil am Leben geht. Andere sind mir stets voraus. Ich gehöre nicht zu denen, die einen Platz in der ersten Reihe haben."

Vielleicht hat dieser Mann auch darunter gelitten, dass er – seinem Gefühl nach – nur unnütz herumlag, andern zur Last fiel. Er hat darüber nachgedacht, was sein Leben noch wert ist, wenn er nichts mehr leisten kann. Am schlimmsten waren die schlaflosen Nächte. Die Stunden krochen dann langsam dahin. 13 880 endlose Nächte hat der Kranke dort zugebracht. Es war nicht nur äußerlich dunkel. Es stiegen auch viele dunkle Gedanken auf, Gedanken, die wir ebenfalls kennen: „Gott, wo bist du? Du bist weiter weg als die Sterne. Menschen haben mich im Stich gelassen und du, Gott, hast mich auch vergessen. Meine Kinder haben mich in eine Altenpflegeeinrichtung abgeschoben. Es gibt so wenig Möglichkeiten, noch am Leben teilzunehmen. Anderen geht es besser. Sie können sich mehr leisten, sind beweglicher als ich."

Krankheit kann einsam machen und Einsamkeit kann krank machen. Es gibt auch Leute, die ihre Krankheit pflegen. Über manche Gespräche im Wartezimmer eines Arztes kann man nur schmunzeln, wenn es nicht so traurig wäre. „Wie viele Bypässe hast du denn?" – „Zwei!" – „Das ist gar nichts. Ich habe fünf!" Wenn die Gedanken immer nur um die Feststellung kreisen: „Ich habe keinen Menschen", dann verstärkt sich dadurch das Empfinden, einsam zu sein.

Doch Jesus ist ein weiser Seelsorger. Seine Frage: „Willst du gesund werden?", soll die Lebensgeister wecken und die Gedanken des Kranken in eine neue Richtung lenken. Er wird eingeladen, Hoffnung und Vertrauen zu bezeugen und nicht länger seine Einsamkeit zu meditieren. Nach 38 Jahren ist er davon noch weit entfernt.

Man könnte vermuten, dass unter den Kranken eine Art Gemeinschaft entstanden ist. Not verbindet doch. Aber nein, am Teich Betesda ist eine Ellbogengesellschaft versammelt, wo das Faustrecht herrscht und jeder sich selbst der Nächste ist. Unter Kranken gibt es einen Kampf ums

Dasein genauso wie unter Gesunden. In dieser Situation handelt Jesus voraussetzungslos. Seine Hoheit und seine Vollmacht sind nicht an den Glauben dieses Kranken gebunden. Sein Handeln knüpft nicht an eine Vertrauensbekundung des allein auf sich zentrierten Mannes an. Für das Handeln Jesu ist allein die Umsetzung des Willens seines himmlischen Vaters entscheidend (Johannes 5,17-30). In Abhängigkeit von diesem seinem Vater geht er nicht auf die Krankengeschichte ein, sondern sagt diesen entscheidenden Satz: „Steh auf, nimm dein Bett und geh heim!" (Vers 8).

Das Unfassliche geschieht: „Und sogleich wurde der Mensch gesund und nahm sein Bett und ging hin" (Vers 9). Diese Bestätigung braucht der langjährig Gelähmte. Er kann öffentlich zeigen, dass er jetzt gesund und normal wie jeder andere laufen kann.

Was die vielen anderen Kranken dachten und untereinander besprachen, wissen wir nicht. Ob sie sich mitfreuten oder wegen ihrer Benachteiligung grübelten oder sogar fluchten – darüber ist nichts gesagt. Leicht war es für sie jedenfalls nicht. Sie lagen weiterhin in einer der Hallen am Teich Betesda.

Mein Glaube wurde einmal sehr beschämt, als ich eine Frau kennenlernte, die schon mehr als 40 Jahre gelähmt in einem Krankenbett lag. Ich wurde nach einem Vortrag in einem Seniorenheim in ihr Zimmer eingeladen. Sie hatte über eine Lautsprecheranlage mitgehört. Ich hatte erwähnt, welch ein Schatz es im Alter ist, wenn wir einige Psalmen und Choräle auswendig können. Diesen Schatz können wir in Zeiten der Anfechtung und in Krankheitsphasen, selbst wenn unser Gedächtnis Lücken bekommt, nicht verlieren. Als ich in das Krankenzimmer kam, gab mir diese Frau zunächst nicht die Hand. Doch nachdem wir eine Weile geredet hatten und zwischen uns eine Vertrauensbeziehung entstanden war, zeigte sie mir ihre Hände. Sie waren während eines eiskalten Winters in Rumänien erfroren. Sie konnte nur ihre Arme und ihren Kopf bewegen. Kontakt zur Außenwelt hatte sie durch ein Telefon, dessen Tastatur so groß war, dass sie mit ihrer Faust wählen konnte. Hilfsbereite Menschen hatten auf ihren Wunsch hin für sie in großen Lettern Gebetsanliegen aufgeschrieben und die Zettel an der gegenüberliegenden Wand in Augenhöhe aufgehängt.

In diesem Krankenzimmer wurde ich mit dem 23. Psalm begrüßt. Dann erzählte diese gelähmte Frau mir, welche Lieder sie auswendig konnte. „Sollt ich meinem Gott nicht singen, sollt ich ihm nicht dankbar sein? Denn ich seh in allen Dingen, wie so gut er's mit mir mein' ..." Alle sieben Strophen konnte sie aufsagen. Und noch viele andere Lieder. Gemeinsam haben wir gesungen und gebetet. Nachdenklich verabschiedete ich mich. Zur Erinnerung an diese Begegnung bat sie mich, aus einem bereitstehenden Kästchen ein Traktat mitzunehmen. Der Heimleiter sagte mir, dass er Besucher und auch Schulgruppen oft in dieses Krankenzimmer führe. „Du solltest mal die jungen Leute sehen, wenn sie sich mit einem Traktat in der Hand von dieser Frau verabschieden. Still und betroffen stehen sie dann in Gruppen zusammen und mancher wischt sich eine Träne aus den Augen."

Diese Frau konnte bis an ihr Lebensende ihr Bett nicht verlassen. In diesem Krankenzimmer habe ich gelernt:

Christus werde hoch gepriesen auch durch Krankheit. Und am Teich Betesda lerne ich: Christus werde hoch gepriesen durch seine Heilungskraft. So unterschiedliche Erfahrungen, aber dieselbe froh machende Melodie.

Die Heilung am Teich Betesda geschieht an einem Sabbat. Da läuft kein Mensch in Jerusalem mit einer Aktentasche, geschweige denn mit einem Bett auf dem Rücken herum. Das ist strikt verboten. Der Mann kommt auch gar nicht weit. Die Juden halten ihn an und weisen ihn auf seinen Verstoß hin. *Ihr* Recht basiert auf dem Gesetz. *Sein* Recht begründet er mit einer Weisung Jesu. Im Vertrauen auf sein Wort handelt er. Das ist umso erstaunlicher, weil er gar nicht weiß, wer Jesus in Wirklichkeit ist. Er muss aber empfunden haben, dass der Mann, der ihn im Leben wieder auf die Füße gestellt hat, eine höhere Autorität ist als das Gesetz und die Gesetzeshüter. Diese schreiben Gott vor, wann und wie er zu handeln hat. Frömmigkeit kann unfähig machen, die Taten zu erkennen, die Gott, der Vater, durch seinen Sohn wirkt. Es gibt bis heute viel zu viele Aufpasser im Reich Gottes, die über dem Buchstaben wachen, aber danebenstehen, wenn Gott handelt. Niemand teilt seine Freude über seine Heilung.

Etwas zeitversetzt kommt es zu einer weiteren Begegnung Jesu mit dem Geheilten. Dankbarkeit war der Kompass, der ihn in den Tempel führte. Johannes berichtet, Jesus habe den Geheilten nun vor neuer Sünde gewarnt, damit ihm nicht noch Schlimmeres als seine bisherige Krankheit widerfahre. War der Mann vielleicht 38 Jahre lang krank, weil er für Sünde bestraft wurde? Jesus teilte nicht den Vergeltungsglauben, wonach Krankheit immer eine Folge von Sünde sei (Johannes 9). Er wollte dem Mann vielmehr sagen und für den Rest seines Lebens klarmachen: „Nicht nur zeitliche Gesundheit kann ich dir schenken. Du hast meine heilende Kraft für deinen kranken Körper erlebt, sodass du bis an dein Lebensende auf eigenen Beinen stehen können wirst. Jetzt geh aber auch den Weg mit Gott an deiner Hand. Ich bin dein Versöhner. Ich kann die zerstörerischen Kräfte des Bösen besiegen und Vergebung schenken."

Es ist arg, 38 Jahre auf einer Bahre zu liegen. Aber das Ärgste ist, wenn Leib und Seele durch unvergebene Sünde für alle Ewigkeit keine Zukunft bei Gott haben. Jesus will dem Kranken deutlich machen, dass ewige Trennung von Gott noch schlimmer ist als die durchlittene Krankheit. Wörtlich hat Jesus gesagt: „Wer mein Wort hört und glaubt dem, der mich gesandt hat, der hat das ewige Leben und kommt nicht in das Gericht, sondern er ist vom Tode zum Leben hindurchgedrungen" (Johannes 5,24).

In dir ist Freude in allem Leide,
o du treuer Jesu Christ!
Durch dich wir haben himmlische Gaben,
du der wahre Heiland bist;
hilfest von Schanden, rettest von Banden.
Wer dir vertrauet, hat wohl gebauet,
wird ewig bleiben. Halleluja.
Zu deiner Güte steht unser G'müte,
an dir wir kleben im Tod und Leben;
nichts kann uns scheiden. Halleluja.

Cyriaklus Schneegaß, 1598

Freude und Leid

Freude, Freude über Freude ...
Die Hochzeit zu Kana

Jesus wehret allem Leide:
Die Auferweckung des Lazarus

Freude, Freude über Freude ...
Die Hochzeit zu Kana

Wann und wo begegnet man Bekannten und Freunden, die man länger nicht gesehen hat? Bei Familienfesten. Da hört man immer wieder Sätze wie: „Wir haben uns aber lange nicht gesehen, schön, dass du auch da bist. Du hast dich aber gar nicht verändert."
   Der Evangelist Johannes überliefert, dass Jesus seine öffentliche Tätigkeit auf einer Hochzeitsfeier in Kana begann. Dieser Ort in Galiläa war die Vaterstadt Nathanaels (Johannes 21,2), der Jesus drei Tage vor dieser Hochzeitsfeier kennengelernt hatte (Johannes 1,45-51; 2,1). Auch später war Jesus gelegentlich in Kana (Johannes 4,46). Ob er von Nathanael eingeladen wurde? Auf jeden Fall war Jesus gerne dabei, wenn gefeiert wurde.

Und am dritten Tage war eine Hochzeit in Kana in Galiläa, und die Mutter Jesu war da. Jesus aber und seine Jünger waren auch zur Hochzeit geladen. Und als der Wein ausging, spricht die Mutter Jesu zu ihm: Sie haben keinen Wein mehr. Jesus spricht zu ihr: Was geht's dich an, Frau, was ich tue? Meine Stunde ist noch nicht gekommen. Seine Mutter spricht zu den Dienern: Was er euch sagt, das tut. Es standen aber dort sechs steinerne Wasserkrüge für die Reinigung nach jüdischer Sitte, und in jeden gingen zwei oder drei Maße. Jesus spricht zu ihnen: Füllt die

Wasserkrüge mit Wasser! Und sie füllten sie bis obenan. Und er spricht zu ihnen: Schöpft nun und bringt's dem Speisemeister! Und sie brachten's ihm. Als aber der Speisemeister den Wein kostete, der Wasser gewesen war, und nicht wusste, woher er kam – die Diener aber wussten's, die das Wasser geschöpft hatten –, ruft der Speisemeister den Bräutigam und spricht zu ihm: Jedermann gibt zuerst den guten Wein und, wenn sie betrunken werden, den geringeren; du aber hast den guten Wein bis jetzt zurückbehalten. Das ist das erste Zeichen, das Jesus tat, geschehen in Kana in Galiläa, und er offenbarte seine Herrlichkeit. Und seine Jünger glaubten an ihn. Danach ging Jesus hinab nach Kapernaum, er, seine Mutter, seine Brüder und seine Jünger, und sie blieben nicht lange da (Johannes 2,1-12).

Hochzeitsfestlichkeiten im Orient konnten sich bis zu sieben Tage mit Essen und Trinken, mit Gesängen und Tänzen, mit Gesellschaftsspielen und Rätselraten hinziehen (Richter 14,12). Die Feiern waren Ausdruck jubelnder Freude. Viele Gäste wurden eingeladen. Maria, die Mutter Jesu, war in diesem Fall aus Nazareth gekommen. Jesus und seine Jünger gehörten ebenfalls zu den geladenen Gästen.

Jesus kommt gerne, wenn wir ihn einladen. Er will aber eingeladen werden. Er fällt nicht mit der Tür ins Haus. Er klopft an und bleibt wartend stehen, bis wir ihn bitten, in unser Leben zu kommen. Er kommt als Gast und bringt mit, was unseren Mangel ausfüllt. Bei Trauungen wurde früher gerne gesungen: „O selig Haus, da man dich aufgenommen, du werter Seelenfreund, Herr Jesu Christ! Da unter allen Gästen, die da kommen, du der gefeiertste und liebste bist."

Jesus hat seinen ersten Jüngern versprochen, dass sie in seiner Gemeinschaft den Himmel offen sehen werden (1,51). Die Jünger sind deshalb sehr gespannt, wie er seine öffentliche Tätigkeit starten, sein Werk beginnen wird. Wie wird er seine göttliche Vollmacht einsetzen?

Eine Werbeagentur würde ihm sicherlich raten, mit einem spektakulären Heilungswunder zu beginnen oder mit einer aufsehenerregenden Totenauferweckung.

Eine Werbeagentur würde ihm sicherlich raten, mit einem spektakulären Heilungswunder zu beginnen oder mit einer aufsehenerregenden Totenauferweckung. Jesus braucht aber keine Werbeberater. Er handelt in Abhängigkeit von seinem himmlischen Vater und erfüllt, was die Engel bei seiner Geburt zugesagt haben. Große Freude haben sie dieser tristen Welt mit seinem Kommen versprochen. Sein erstes Wunder ist dafür ein Buchungsbeleg. Es ereignet sich auf einer Hochzeitsfeier, wo ausgelassen gefeiert wird.

Johannes schreibt sein Evangelium, damit wir glauben, dass Jesus der Gesalbte Gottes ist und wir dadurch Leben finden (Johannes 20,31). Am Anfang steht bei ihm ein Fest. Gastgeber ist der Vater im Himmel, der sich über die Heimkehr seiner Kinder freut. Der Tisch ist reichlich gedeckt, zum Singen und Tanzen wird aufgespielt (Lukas 15,20-32).

Es ist alles für eine Feier vorbereitet (Lukas 14,17). Die Engel im Himmel freuen sich (Lukas 15,10).

Als ich mich für Jesus Christus entschieden habe, haben sich die Engel auch gefreut, allerdings waren sie die Einzigen, so schien es mir. Nach meiner Bekehrung wurde mir gesagt: „Nun musst du dich bewähren, das Kreuz auf dich nehmen, alle Brücken zur Vergangenheit abbrechen und bereit sein, die Schmach Christi zu tragen." Überhaupt wurde fast jeden Sonntag über den Ernst der Nachfolge gepredigt. Mir wurde aufgelistet, was ab sofort nicht mehr zu einem christlichen Leben gehöre, u.a. Alkohol trinken, rauchen, ins Kino gehen, tanzen. Wenn mich jemand fragte, was denn einen Christen ausmache, konnte ich sehr konkret beantworten, was er alles nicht tut. In Erwartung himmlischer Freuden war ich zu einem Leben des Verzichts auf „weltliche" Freuden bereit. Erst später habe ich in der Begegnung mit engagierten Christen entdeckt, dass Jesus in diese Welt gekommen ist, damit wir Leben in Fülle haben (Johannes 10,10). Unser Mund wird nicht erst in der Ewigkeit voll Lachens sein (Psalm 126,2). Mit den Engeln dürfen wir Menschen schon heute zu einem Fest einladen und ihnen sagen: Ich verkündige euch große Freude, die Gott für euch bereithält.

Zu unserer Gemeinde gehörte eine Frau, die bis zu ihrem 40. Lebensjahr nicht in der Bibel gelesen hatte und jetzt ganz neu mit Gott lebte. Nach einer Predigt bekehrte sich auch ihre Tochter. Spätabends rief mich diese Frau noch an. „Darf man eigentlich eine Bekehrung feiern?", wollte sie wissen. Sie hatte auf dem Heimweg eine Flasche Wein und leckeres Essen gekauft und das beste Geschirr auf den Tisch gestellt. Plötzlich hatte sie jedoch Skrupel bekommen, ob man dies dürfe oder ob man sich erst in der Nachfolge bewähren müsse. Meine Antwort am Telefon war: „Lies Lukas 15 ab Vers 21 und dann feiert schön!" Und weil junge Leute gerne feiern, habe ich beim folgenden Jugendtreff davon berichtet und die Parole ausgegeben: „Sorgt dafür, dass wir in Zukunft viele Feste feiern können. Ladet eure Freunde zur Nachfolge Jesu ein." Damals kamen oft 140 junge Menschen in unsere Jugendgruppe.

Bei C. H. Spurgeon habe ich gelesen und gelernt: „Viele Christen würden gute Märtyrer abgeben. Die sind so trocken, dass sie ausgezeichnet brennen würden." Das Image vieler Christen und vieler Kirchen ist ein Beleg für diese Feststellung. Und deshalb klopfen unsere Mitmenschen bei ihrer Suche nach Freude nicht an unsere Kirchentüren an.

Bei der Hochzeit in Kana passiert das, was für alle Gastgeber ein Albtraum ist: Es reicht nicht. Der Wein ist ausgegangen. Hochzeit im Orient und kein Wein: Das ist ein Bild für ein leeres, ausgetrocknetes Leben. Und in Israel ist es auch ein Zeichen für ein göttliches Gericht, für eine Wirtschaftskrise. Die göttliche Ratingagentur stuft sozusagen den Marktwert des Volkes zurück, wie es der Prophet Jesaja beschreibt. Die Leute jammern: „Der Wein ist dahin, der Weinstock verschmachtet, und alle, die von Herzen fröhlich waren, seufzen. Man klagt um den Wein auf den Gassen, dass alle Freude weg ist, alle Wonne des Landes dahin ist" (Jesaja 24,7.11).

Wein gehört zu einem fröhlichen Fest. Wie sollen sie in Kana der Sitte entsprechend feiern, wenn der Wein zur Neige geht? Maria erkennt die Schmach, die für den Bräutigam entsteht, wenn er vor den Gästen seinen Mangel bekennen muss. Sie greift deshalb beherzt ein und wendet sich an Jesus. Sie traut ihrem Sohn zu, dass er helfen kann. Vielleicht denkt sie ganz schlicht: Wo Jesus ist, da darf kein Mangel sein. Schließlich hat der Engel ihr bei der Ankündigung seiner Geburt offenbart, dass Jesus Gottes Repräsentant auf Erden ist, und damit auch zuständig für auftretende Nöte und Mangelerscheinungen.

Die Anfechtung beim Warten ist für Maria der Zeitrahmen, wann er handeln wird, und nicht die Ungewissheit, dass er handeln kann. Sie hat keinen Zweifel, dass er es tun wird.

Die Antwort Jesu klingt wie eine Zurechtweisung: „Was geht's dich an, Frau, was ich tue? Meine Stunde ist noch nicht gekommen" (Vers 4). Wir wissen nicht, wie lange Gottes Stunde ist. Manchmal ist sie wie bei uns 60 Minuten lang, manchmal aber auch Tage, Wochen oder Jahre. Jesus wartet auf eine Anweisung seines himmlischen Vaters. Für Maria heißt das: warten, ausharren und lernen, dass Gottes Wege nicht unsere Wege und seine Gedanken nicht unsere Gedanken sind. Warten ist nicht leicht. Warten macht müde. Und mancher hat schon in seinem Leben geseufzt: Wie lange, Herr, muss ich auf die Erhörung meiner Bitten warten? Jesus hat sich nie von den Wünschen oder der Wundersucht der Menschen zum Handeln bewegen lassen. Das muss auch Maria lernen. Und sie muss lernen, dass sie als Mutter nicht mehr das erste und das letzte Wort in der Familie hat. Sie kann ihren Sohn nicht länger lenken. Der Vater im Himmel führt jetzt Regie in seinem Leben. Diese Lektion hat sie gelernt. Sie fügt sich. Voller Vertrauen in Jesu unbegrenzte Möglichkeiten sagt sie den Dienern jedoch: „Was er euch sagt, das tut" (Vers 5). Sie hat in der Zurechtweisung ihres Sohnes einen Zwischenton herausgehört. „Meine Stunde ist noch nicht gekommen." Das ist ein trostvolles Wort. Besagt doch das kleine Wörtchen „noch", dass Jesus kein endgültiges „Nein" gesagt hat. Aus dem „noch nicht" wird irgendwann ein „jetzt" werden. Die Anfechtung beim Warten ist für Maria der Zeitrahmen, *wann* er handeln wird, und nicht die Ungewissheit, *dass* er handeln kann. Sie hat keinen Zweifel, dass er es tun wird.

Und dann geschieht jenes erste Zeichen, das wir nicht erklären können. Der Gast wird zum Gastgeber. Es passiert kein Schauwunder. Zaungäste gibt es nicht. Es gibt nur eine Dienstanweisung: „Füllt die Wasserkrüge mit Wasser!" (Vers 7). Sechs steinerne Krüge, die je etwa 100 Liter Wasser fassen können – es sind keine leeren Weinfässer oder Weinflaschen, sondern Krüge, die bis zu diesem Zeitpunkt für rituelle Reinigungsbäder genutzt wurden. Das ist ein Hinweis, dass mit dem Auftreten Jesu etwas Neues beginnt. Die Diener gehorchen, was nicht ungewöhnlich ist. Aber etwas ist neu: Noch nie haben sie dem Speisemeister Wasser zum Kosten gebracht. Und was er probiert, ist auch kein Wasser, sondern Wein der Freude. Die Jünger sehen in diesem Vorgang ein erstes Zeichen der Herrlichkeit Gottes und glauben Jesus.

Der Speisemeister sieht allerdings nichts von dieser Herrlichkeit. Er ist ein Vertreter der praktischen Vernunft und wendet sich vorwurfsvoll an den Bräutigam: „Jedermann gibt zuerst den guten Wein und, wenn sie betrunken werden, den geringeren; du aber hast den guten Wein bis jetzt zurückbehalten" (Vers 10). Der Bräutigam schweigt, fragt nicht nach dem Hintergrund für dieses Geschehen oder nach dem großzügigen Spender in dieser Verlegenheit. Und über Reaktionen der Hochzeitsgäste schweigt der Text. Jesus verrät nicht, was und wie hier etwas Außergewöhnliches passiert. Er macht keine Werbeveranstaltung aus seinem Handeln, denn er will den Bräutigam vor seinen Gästen nicht vorführen und beschämen.

Es fällt auf, dass Johannes bei allen anderen sechs von ihm ausgesuchten Wundern, die bei ihm Zeichen genannt werden, eine weiterführende und erklärende Rede Jesu anfügt. Hier tut er das nicht. Vielleicht hat Jesus seiner Mutter, seinen Brüdern und seinen Jüngern auf dem anschließenden Weg nach Kapernaum jedoch erklärt, warum er so gehandelt hat. Heil und Freude will er bringen. Die sechs Wassergefäße werden nicht mehr für die vorgeschriebenen rituellen Reinigungsbäder benötigt, sondern werden zu einem Sinnbild für Lebensfreude. Was alle unsere Anstrengungen, Gott zu gefallen, nicht vermögen, ermöglicht Jesus durch sein Leben schaffendes Wort. Und dieses Wort weist in die Zukunft. Heute laden wir ihn ein. Einmal wird er uns einladen. Am Ende der Zeiten ist er für alle der erkennbare Gastgeber: „Lasst uns freuen und fröhlich sein und ihm die Ehre geben; denn die Hochzeit des Lammes ist gekommen ... Selig sind, die zum Hochzeitsmahl des Lammes berufen sind (Offenbarung 19,7.9).

Jesus kommt zu uns nicht als Detektiv, der hinter uns herschleicht und unsere Vergehen notiert. Er kommt als Freudenbringer, der unser Versagen und unsere Schuld als Lamm Gottes wegträgt (1,29.36). Das ist der eigentliche Anlass zur Freude. Der Himmel ist außer Rand und Band, wenn ein Sünder Buße tut. Wir laden zu einem Fest ein. Werbeträger für die Freude, die uns niemand wegnehmen kann, sollten wir sein, und nicht fröstelnde Figuren. Jesus hat uns in sein Reich, wo Fried und Freude lacht, hineingeliebt. Deshalb gilt: Nicht so ängstlich mit der Freude! Unser Herz geht in Sprüngen und kann nicht traurig sein! Aber vor lauter Sorge, dass sich das Herz in Sprüngen verliert, flaggen wir oft halbmast. Unser Lachbedürfnis ist unterentwickelt. Doch im Himmel wird gelacht. Wir freuen uns so schlecht. Und wer sich schlecht freut, freut sich mit schlechtem Gewissen. Das erste Zeichen, das Jesus tat, diente nicht dazu, Krankheit oder Leid zu mildern, sondern einfach der Lebensfreude. Welch ein Fingerzeig für unsere persönlichen Lebensbereiche und für unsere Zusammenkünfte in der Gemeinde. Der Glaube der Christen ist für unsere Mitmenschen wenig attraktiv, wenn wir die Wasserkrüge weiterhin dazu be-

Der Glaube der Christen ist für unsere Mitmenschen wenig attraktiv, wenn wir die Wasserkrüge weiterhin dazu benutzen, von allerlei Gesetzen und Geboten zu faseln, und entsprechend bedrückt leben. Wichtig ist, dass bei unseren Festen und Feiern Jesus dabei sein kann.

nutzen, von allerlei Gesetzen und Geboten zu faseln, und entsprechend bedrückt leben. Wichtig ist, dass bei unseren Festen und Feiern Jesus dabei sein kann.

Gelegentlich höre ich Verkäufern zu, die auf dem Wochenmarkt oder vor einem Kaufhaus mit humorvollen Sprüchen ihre Ware anbieten. Einmal verkaufte jemand Krawatten. Er machte das besonders gut. Aber nach einer Viertelstunde wiederholte er sich mit seinen Sprüchen. Bei der zweiten Runde schnappte ich ihm durch Zwischenrufe die Pointe weg. Das gefiel den Leuten, und das gefiel auch dem Verkäufer, weil immer mehr Menschen stehen blieben. Nach einiger Zeit sagte er zu mir: „Weil Sie mich hier so unterstützen, schenke ich Ihnen eine Krawatte. Mich interessiert aber, welchen Beruf Sie haben."

„Raten Sie mal!"

„Haben Sie etwas mit Werbung zu tun?"

„Wenn ich Ja sage, dann denken Sie etwas Falsches, aber ich werbe für jemanden."

„Sind Sie Verkäufer?"

„Wenn ich Ja sage, dann denken Sie etwas Falsches. Ich will aber etwas an den Mann bringen."

Das ging eine Zeit lang hin und her. Dann fragte er mich, was ich denn wirklich mache.

„Ich studiere Theologie."

Seine Reaktion: „Oh." Und dann schenkte er mir eine schwarze Krawatte. Das ist leider das Image der Christen und der kirchlichen Angebote.

Die Begründung für unsere Freude in der Nachfolge Jesu ist nicht, dass bei dieser Feier Wasser in Wein verwandelt wurde. Alkohol ist nicht nötig, um sich von ganzem Herzen zu freuen. Dann wären alkoholkranke Menschen von der Freude ausgeschlossen, wenn jemand Christ wird. Es gilt sogar umgekehrt: Jesus kann auch aus Wein Wasser machen, deshalb sind auch sie zur ungetrübten Festfreude eingeladen. Denn die Freude am Herrn ist unsere Stärke.

Jesu, meine Freude,
meines Herzens Weide,
Jesu, meine Zier:
ach wie lang, ach lange
ist dem Herzen bange
und verlangt nach dir!
Gottes Lamm, mein Bräutigam,
außer dir soll mir auf Erden
nichts sonst Liebers werden.

Weicht, ihr Trauergeister,
denn mein Freudenmeister,
Jesus, tritt herein.
Denen, die Gott lieben,
muss auch ihr Betrüben
lauter Freude sein.
Duld ich schon hier Spott und Hohn,
dennoch bleibst du auch im Leide,
Jesu, meine Freude.

Johann Franck, 1653

Jesus wehret allem Leide
Die Auferweckung des Lazarus

Kontakte zu Freunden, Begegnungen mit Menschen sind oft auch Begegnungen mit Krankheit, Leid und Tod. Johannes berichtet ausführlich im 11. Kapitel seines Evangeliums von einem Zusammentreffen Jesu mit einer befreundeten Familie in Betanien. Es lohnt sich, dieses Kapitel im Zusammenhang zu lesen. Betanien lag am östlichen Hang des Ölbergs, eine halbe Stunde Fußweg von Jerusalem entfernt. Dort wohnten die Geschwister Maria, Marta und Lazarus. Jesus war häufig mit seinen Jüngern bei ihnen zu Gast (Lukas 10,38-42). Manchmal kamen sie unangemeldet. Diesmal wurden sie erwartet.

Es lag aber einer krank, Lazarus aus Betanien, dem Dorf Marias und ihrer Schwester Marta. Maria aber war es, die den Herrn mit Salböl gesalbt und seine Füße mit ihrem Haar getrocknet hatte. Deren Bruder Lazarus war krank. Da sandten die Schwestern zu Jesus und ließen ihm sagen: Herr, siehe, der, den du lieb hast, liegt krank. Als Jesus das hörte, sprach er: Diese Krankheit ist nicht zum Tode, sondern zur Verherrlichung Gottes, damit der Sohn Gottes dadurch verherrlicht werde. Jesus aber hatte Marta lieb und ihre Schwester und Lazarus. Als er nun hörte, dass er krank war, blieb er noch zwei Tage an dem Ort, wo er war; danach spricht er zu seinen Jüngern: Lasst uns wieder nach Judäa ziehen! Seine Jünger aber sprachen zu ihm: *Meister, eben noch wollten die Juden dich steinigen, und du willst wieder dorthin ziehen?* Jesus antwortete: *Hat nicht der Tag zwölf Stunden? Wer bei Tag umhergeht, der stößt sich nicht; denn er sieht das Licht dieser Welt. Wer aber bei Nacht umhergeht, der stößt sich; denn es ist kein Licht in ihm.* Das sagte er und danach spricht er zu ihnen: *Lazarus, unser Freund, schläft, aber ich gehe hin, ihn aufzuwecken.* Da sprachen seine Jünger: *Herr, wenn er schläft, wird's besser mit ihm.* Jesus aber sprach von seinem Tode; sie meinten aber, er rede vom leiblichen Schlaf. Da sagte es ihnen Jesus frei heraus: *Lazarus ist gestorben; und ich bin froh um euretwillen, dass ich nicht da gewesen bin, damit ihr glaubt. Aber lasst uns zu ihm gehen!* Da sprach Thomas, der Zwilling genannt wird, zu den Jüngern: *Lasst uns mit ihm gehen, dass wir mit ihm sterben!* Als Jesus kam, fand er Lazarus schon vier Tage im Grabe liegen. Betanien aber war nahe bei Jerusalem, etwa eine halbe Stunde entfernt. Und viele Juden waren zu Marta und Maria gekommen, sie zu trösten wegen ihres Bruders. Als Marta nun hörte, dass Jesus kommt, geht sie ihm entgegen; Maria aber blieb daheim sitzen. Da sprach Marta zu Jesus: *Herr, wärst du hier gewesen, mein Bruder wäre nicht gestorben. Aber auch jetzt weiß ich: Was du bittest von Gott, das wird dir Gott geben.* Jesus spricht zu ihr: *Dein*

Bruder wird auferstehen. Marta spricht zu ihm: Ich weiß wohl, dass er auferstehen wird – bei der Auferstehung am Jüngsten Tage. Jesus spricht zu ihr: Ich bin die Auferstehung und das Leben. Wer an mich glaubt, der wird leben, auch wenn er stirbt; und wer da lebt und glaubt an mich, der wird nimmermehr sterben. Glaubst du das? Sie spricht zu ihm: Ja, Herr, ich glaube, dass du der Christus bist, der Sohn Gottes, der in die Welt gekommen ist. Und als sie das gesagt hatte, ging sie hin und rief ihre Schwester Maria heimlich und sprach zu ihr: Der Meister ist da und ruft dich. Als Maria das hörte, stand sie eilend auf und kam zu ihm. Jesus aber war noch nicht in das Dorf gekommen, sondern war noch dort, wo ihm Marta begegnet war. Als die Juden, die bei ihr im Hause waren und sie trösteten, sahen, dass Maria eilend aufstand und hinausging, folgten sie ihr, weil sie dachten: Sie geht zum Grab, um dort zu weinen. Als nun Maria dahin kam, wo Jesus war, und sah ihn, fiel sie ihm zu Füßen und sprach zu ihm: Herr, wärst du hier gewesen, mein Bruder wäre nicht gestorben. Als Jesus sah, wie sie weinte und wie auch die Juden weinten, die mit ihr gekommen waren, ergrimmte er im Geist und wurde sehr betrübt und sprach: Wo habt ihr ihn hingelegt? Sie antworteten ihm: Herr, komm und sieh es! Und Jesus gingen die Augen über. Da sprachen die Juden: Siehe, wie hat er ihn lieb gehabt! Einige aber unter ihnen sprachen: *Er hat dem Blinden die Augen aufgetan; konnte er nicht auch machen, dass dieser nicht sterben musste? Da ergrimmte Jesus abermals und kam zum Grab. Es war aber eine Höhle und ein Stein lag davor. Jesus sprach: Hebt den Stein weg! Spricht zu ihm Marta, die Schwester des Verstorbenen: Herr, er stinkt schon; denn er liegt seit vier Tagen. Jesus spricht zu ihr: Habe ich dir nicht gesagt: Wenn du glaubst, wirst du die Herrlichkeit Gottes sehen? Da hoben sie den Stein weg. Jesus aber hob seine Augen auf und sprach: Vater, ich danke dir, dass du mich erhört hast. Ich weiß, dass du mich allezeit hörst; aber um des Volkes willen, das umhersteht, sage ich's, damit sie glauben, dass du mich gesandt hast. Als er das gesagt hatte, rief er mit lauter Stimme: Lazarus, komm heraus! Und der Verstorbene kam heraus, gebunden mit Grabtüchern an Füßen und Händen, und sein Gesicht war verhüllt mit einem Schweißtuch. Jesus spricht zu ihnen: Löst die Binden und lasst ihn gehen! Viele nun von den Juden, die zu Maria gekommen waren und sahen, was Jesus tat, glaubten an ihn.*

Die Schwestern lassen Jesus ausrichten: „Herr, siehe, der, den du lieb hast, liegt krank" (Vers 3). Es fällt auf, dass hier nicht hervorgehoben wird, dass Lazarus Jesus lieb hat und dass daraus ein Recht auf Hilfe abzuleiten ist. Für viele Menschen damals und heute sind Krankheit und Not, Leid und Tod ein Beweis gegen die Liebe Gottes. Wenn Gott Liebe ist, dann würde er doch nicht solche Lasten zumuten. Die beiden Schwestern in Betanien stellen jedoch unbeirrt fest: Unser Bruder ist zwar krank, aber Jesus hat ihn lieb. Wenn das doch alle Kranken, alle Angefochtenen, alle, die durch ein dunkles Tal wandern müssen, für sich und andere so überzeugend festhalten könnten: Jesus hat mich lieb. Zugemutetes Leid ist keine Strafe.

In dieser Mitteilung an Jesus liegt jedoch auch die versteckte Bitte, Jesus möge doch vorbeikommen und helfen. Seine Antwort ist merkwürdig: „Diese Krankheit ist nicht zum Tode, sondern zur Verherrlichung Gottes, damit der Sohn Gottes dadurch verherrlicht werde" (Vers 4). Wie kann Krankheit der Verherrlichung Gottes dienen? Wäre ein Heilungswunder dazu nicht besser geeignet? Naheliegend wäre doch, dass Jesus, der an wildfremden Menschen Zeichen seiner Heilungskraft erwiesen hat, sofort nach Betanien aufbricht, um seinem Freund zu helfen. Er bleibt aber seelenruhig noch zwei Tage auf der anderen Jordanseite. Gerade ist Jesus seinen Feinden entwichen und hat sich aus Betanien zurückgezogen (Johannes 10,39). Zweimal haben sie ihn bereits steinigen wollen. Daran erinnern ihn die Jünger in Vers 8. Die Anwesenheit am Ort der Gefahr wäre ja auch nicht nötig, um Lazarus zu helfen. Sie haben schließlich auch schon eine Fernheilung erlebt (Johannes 4,46-54).

Nach zwei Tagen entscheidet sich Jesus, mit seinen Jüngern umzukehren und nach Betanien zurückzugehen.

Wie kann Krankheit der Verherrlichung Gottes dienen? Wäre ein Heilungswunder dazu nicht besser geeignet?

Während dieser Zeit reift in ihm die Gewissheit, dass der Hilferuf der Schwestern zum Plan Gottes gehört. Gott, sein Vater im Himmel, bestimmt den Zeitpunkt, wann es wieder an den Ort zurückgeht, wo bereits alles für eine Steinigung vorbereitet ist. Die Jünger wehren ab. Jesus antwortet mit einem geheimnisvollen Gleichnis: „Hat nicht der Tag zwölf Stunden? Wer bei Tag umhergeht, der stößt sich nicht; denn er sieht das Licht dieser Welt. Wer aber bei Nacht umhergeht, der stößt sich; denn es ist kein Licht in ihm" (Verse 9-10). Jesus weiß, dass für ihn die zwölfte Stunde nahe ist. Darüber hat er innere Klarheit und Licht. Sein Tag wird dann zu Ende sein, wenn Gott es bestimmt. Niemals lässt sich Jesus bei seinem Handeln drängen, nicht durch seine Mutter (Johannes 2,4), nicht durch seine Brüder (Johannes 7,6), nicht durch die Umstände. Den Zeitpunkt für sein Reden und Handeln wählt er immer in Übereinstimmung mit dem Willen seines Vaters. Auch die Stunde für sein Leiden bestimmen nicht Menschen (Johannes 7,30; 8,20), sondern Gott (Johannes 12,27).

Jesus führt sie in die Nähe des Unmöglichen, damit sie Vertrauen in Gottes unbegrenzte Möglichkeiten bekommen.

Unterdessen ist Lazarus nicht mehr nur krank, er ist gestorben. Jesus weiß es und teilt es den Jüngern so mit, dass sie ganz verwirrt sind: „Lazarus, unser Freund, schläft, aber ich gehe hin, ihn aufzuwecken" (Vers 11). Für die Jünger ist das vordergründig ein Hinweis auf den natürlichen Schlaf. Lazarus ist also gesund. Da stellt Jesus richtig: „Lazarus ist gestorben; und ich bin froh um euertwillen, dass ich nicht da gewesen bin, damit ihr glaubt. Aber lasst uns zu ihm gehen!" (Verse 14-15). Erst viel später werden sie begreifen, was Jesus hiermit sagen wollte. Wie kann man froh sein, wenn man zum Helfen zu spät kommt?

Jesus führt sie in die Nähe des Unmöglichen, damit sie Vertrauen in Gottes unbegrenzte Möglichkeiten bekommen. Aufbruch in die Nähe Jerusalems, Aufbruch zum Grab des Lazarus ist auch Aufbruch zu einem anderen Grab, das auf Jesus selbst wartet. Einer der Nachdenklichsten aus dem Jüngerkreis, Thomas, spricht aus, was alle denken: „Lasst uns mit ihm gehen, dass wir mit ihm sterben!" (Vers 16).

Zweimal bekommt Jesus nun zu hören, was seit dieser Zeit viele Menschen in Notsituationen denken oder auch aussprechen: „Herr, wärst du hier gewesen, mein Bruder wäre nicht gestorben" (Verse 21 und 32). Wortgleich muss Jesus hören, was die Schwestern in seiner Abwesenheit wohl mehrfach gedacht und ausgetauscht haben. Ähnlich empfinden die aus Jerusalem angereisten Gäste: „Er hat dem Blinden die Augen aufgetan; konnte er nicht auch machen, dass dieser nicht sterben musste?" (Vers 37). Die scheinbare Abwesenheit Gottes, wenn es um Krieg, Hunger, Leid, Krankheit und Sterben geht, ist für viele eine Anfechtung; erst recht, wenn es um Nöte bei Kindern oder um Leiden bei Angehörigen geht. Nicht nur für Menschen, die nicht glauben. Marta und Maria kannten Jesus und glaubten an ihn. Auch für Christen gibt es verzweifelte Situationen, Anfechtungen und offene Fragen. Warum greift Gott nicht ein? Warum müssen Unschuldige leiden? Die Liste ließe sich beliebig verlängern.

Nach allem, was Marta bisher von Jesus gehört und mit Jesus erlebt hat, bleibt neben der Trauer über Jesu Abwesenheit ein Funken Hoffnung. Sie hält daran fest, dass Gott durch Jesus handeln kann. Dieses Vertrauen hat sie grundsätzlich nicht aufgegeben, auch wenn es manchmal schwankt. Die Antwort Jesu ist sehr kurz: „Dein Bruder wird auferstehen" (Vers 23).

Er vertröstet nicht auf den Himmel. Er tröstet aus dem Himmel.

Marta kann gar nicht anders, als diesen Satz als Vertröstung auf das Jenseits zu verstehen. Doch das war ihr auch schon vorher klar. Vertröstungen sind oft mit Spott oder Resignation oder ergebungsvoller Einsicht – je nach Standort des Betroffenen – verbunden: Wenn die Christen keine Antwort für heute haben, dann vertrösten sie auf morgen oder auf das Jenseits. Sich mit einer Situation abfinden, sich ihr schicken, ist das Stichwort. Weiß der von der Familie geliebte und von vielen bewunderte Rabbi auch keine bessere Antwort? Doch! Er vertröstet nicht auf den Himmel. Er tröstet aus dem Himmel. Es folgt ein gewaltiger Satz, der alles auf den Kopf stellt, was zur leidvollen Erfahrung seit dem Sündenfall gehört und die Menschheit aller Generationen und aller Kulturen und Religionen verbindet. „Ich bin die Auferstehung und das Leben. Wer an mich glaubt, der wird leben, auch wenn er stirbt; und wer da lebt und glaubt an mich, der wird nimmermehr sterben. Glaubst du das?" (Verse 25-26).

Das ist eine Kampfansage an den Tod! Was will Jesus damit sagen? Es gibt nicht nur eine Auferstehung und ewiges Leben, nein, viel bestimmter: Ich bin es! Mit diesem

Anspruch holt er die zukünftige Auferstehung in unsere Gegenwart hinein. Nicht auf einen fernen Tag werden wir vertröstet. Nicht erst im Jüngsten Gericht wird über uns ein Urteil gesprochen. Bereits heute legt Gott durch seinen Geist ewiges, unzerstörbares Leben in unsere vergängliche, zeitliche, irdische Existenz. Wie kann ich dieses gegenwärtige Geschenk erhalten? Indem ich die Frage Jesu „Glaubst du das?" mit „Ja, Herr, ich glaube, dass du der Christus bist, der Sohn Gottes, der in die Welt gekommen ist" (Vers 27) beantworte.

Dieselbe Frau, die kurz zuvor ihren Glauben bekannt hat, teilt mit uns die Erfahrung, dass Glaube nicht konserviert werden kann, sondern immer wieder neu als Einwilligung in Gottes Absichten erbeten werden muss.

Damit bricht eine Frage auf, die sich durch das ganze Johannesevangelium wie ein roter Faden hindurchzieht, die Frage nach dem Glauben. Die Frage Jesu an Marta ist auch an uns gestellt. Glaubst du, dass der vom Tode auferweckte lebendige Sohn Gottes auf deinem Lebensweg und im Todestal gegenwärtig ist? Wer das mit „Ja, Herr" beantworten kann, weiß: Ich werde leben, ob ich gleich stürbe. In Jesus bekommen wir bereits heute Anteil am ewigen Leben. Der Tod ist nicht mehr der Endpunkt.

Diese Nachricht macht Beine. Marta läuft vorweg ins Dorf, leichtfüßig übermittelt sie die ersehnte Botschaft: Der Meister ist da! Dort, wo die Menschen sich zum Klagen und Trauern versammelt haben, wo Maria noch einmal ihr Unverständnis und ihre versteckte Verstimmung über die Abwesenheit Jesu vorträgt, unterstreicht Jesus seine königliche Aussage: Ich bin die Auferstehung und das Leben. Er handelt. Die von uns zu glaubende Wahrheit unterstreicht er durch ein Zeichen und befiehlt: „Hebt den Stein weg!" (Vers 39a). Marta tritt abwehrend dazwischen und weist auf die eingesetzte Verwesung des Leichnams hin, der bereits vier Tage in der Steinhöhle liegt. Der Herr des Lebens schiebt sie beiseite. Er schaut zum Himmel, vergewissert sich der Zustimmung des Vaters und spricht in zwei Richtungen. Zu Marta sagt er: „Habe ich dir nicht gesagt: Wenn du glaubst, wirst du die Herrlichkeit Gottes sehen?" (Vers 40). Dieselbe Frau, die kurz zuvor ihren Glauben bekannt hat, teilt mit uns die Erfahrung, dass Glaube nicht konserviert werden kann, sondern immer wieder neu als Einwilligung in Gottes Absichten erbeten werden muss. Sie schaut nicht in dieselbe Richtung wie Jesus. Während er zum Vater im Himmel blickt, sieht sie den schweren Stein vor der Grabhöhle.

Als Zweites ruft er zu Lazarus so laut, als ob er den endgültigen Sieg über den Tod proklamiert: „Lazarus, komm heraus! Und der Verstorbene kam heraus" (Verse 43-44) aus der Welt des Todes, gebunden mit Grabtüchern an Füßen und Händen und sein Gesicht verhüllt mit einem Schweißtuch. Jesus ordnet an: „Löst die Binden und lasst ihn gehen!" (Vers 44).

Am offenen Grab des Lazarus ist für glaubende Menschen bereits Ostern sichtbar. Was an ihm geschehen ist, ist wie eine Art notarielle Bestätigung der Selbstoffenbarung Jesu: Ich bin die Auferstehung und das Leben. Was sich an der Gruft ereignet hat, weist über sich selbst hinaus auf etwas viel Größeres. Jesus wird anders auferstehen als Lazarus. Dieser ist auch nach seiner Auferweckung weiterhin ein sterblicher Mensch. Obwohl an ihm Großes geschehen ist, tritt er in die Versenkung zurück. Er wird fast gar nicht mehr erwähnt. Damit verstellt er uns nicht den Blick auf den Herrn, der sich anschickt, nach Jerusalem zu gehen, zu leiden und zu sterben und die Fesseln des Todes für uns alle zu sprengen.

Glaubst du das?

Du kannst nicht tiefer fallen
als nur in Gottes Hand,
die er zum Heil uns allen
barmherzig ausgespannt.
Es münden alle Pfade
durch Schicksal, Schuld und Tod
doch ein in Gottes Gnade
trotz aller unsrer Not.
Wir sind von Gott umgeben
auch hier in Raum und Zeit
und werden in ihm leben
und sein in Ewigkeit.

Arno Pötzsch, 1941

Dienen und Herrschen

Ein Beispiel habe ich euch gegeben:
Die Fußwaschung

Ohne Fleiß kein Preis?
Maria und Marta

Ein Beispiel habe ich euch gegeben
Die Fußwaschung

Manche Begegnungen prägen sich deshalb tief ein, weil sie mit einem unvergesslichen Datum verbunden sind. Ein Treffen mit unserer Tochter, ihrem Mann und den drei kleinen Kindern vor ihrer Ausreise zum Missionsdienst ist für mich so eine. Wir wussten, dass wir uns in den nächsten Jahren nicht sehen und wegen ihres Aufenthaltsortes auch nur selten telefonische oder schriftliche Kontakte haben würden. Ich werde nicht vergessen, welche Gedanken und Empfindungen damals im Gespräch ausgetauscht wurden.

Ähnlich gehörte die letzte Begegnung Jesu mit seinen Jüngern in der Nacht vor dem Passafest noch Jahrzehnte später zu den unauslöschlichen Erinnerungen aller Beteiligten. Diese Begegnung war für sie ein Vermächtnis und gleichzeitig eine Ermutigung. Die Evangelisten Matthäus, Markus und Lukas verbinden mit diesem Fest die Einsetzung des Abendmahles. Sie berichten von dem Rangstreit der Jünger, von der Ankündigung der Verleugnung des Petrus und dem bevorstehenden Verrat des Judas. Johannes erzählt als Einziger von der Fußwaschung.

Vor dem Passafest aber erkannte Jesus, dass seine Stunde gekommen war, dass er aus dieser Welt ginge zum Vater; und wie er die Seinen geliebt hatte, die in der Welt waren, so liebte er sie bis ans Ende. Und beim Abendessen, als schon der Teufel dem Judas, Simons Sohn, dem Iska-

riot, ins Herz gegeben hatte, ihn zu verraten, Jesus aber wusste, dass ihm der Vater alles in seine Hände gegeben hatte und dass er von Gott gekommen war und zu Gott ging, da stand er vom Mahl auf, legte sein Obergewand ab und nahm einen Schurz und umgürtete sich. Danach goss er Wasser in ein Becken, fing an, den Jüngern die Füße zu waschen, und trocknete sie mit dem Schurz, mit dem er umgürtet war. Da kam er zu Simon Petrus; der sprach zu ihm: Herr, solltest du mir die Füße waschen? Jesus antwortete und sprach zu ihm: Was ich tue, das verstehst du jetzt nicht; du wirst es aber hernach erfahren. Da sprach Petrus zu ihm: Nimmermehr sollst du mir die Füße waschen! Jesus antwortete ihm: Wenn ich dich nicht wasche, so hast du kein Teil an mir. Spricht zu ihm Simon Petrus: Herr, nicht die Füße allein, sondern auch die Hände und das Haupt! Spricht Jesus zu ihm: Wer gewaschen ist, bedarf nichts, als dass ihm die Füße gewaschen werden; denn er ist ganz rein. Und ihr seid rein, aber nicht alle. Denn er kannte seinen Verräter; darum sprach er: Ihr seid nicht alle rein. Als er nun ihre Füße gewaschen hatte, nahm er seine Kleider und setzte sich wieder nieder und sprach zu ihnen: Wisst ihr, was ich euch getan habe? Ihr nennt mich Meister und Herr und sagt es mit Recht, denn ich bin's auch. Wenn nun ich, euer Herr und Meister, euch die Füße gewaschen habe, so sollt auch ihr euch untereinander die Füße waschen. Ein Beispiel habe ich euch gegeben, damit ihr tut, wie ich euch getan habe. Wahrlich, wahrlich, ich sage euch: Der Knecht ist nicht größer als sein Herr und der Apostel nicht größer als der, der ihn gesandt hat. Wenn ihr dies wisst – selig seid ihr, wenn ihr's tut. Das sage ich nicht von euch allen; ich weiß, welche ich erwählt habe. Aber es muss die Schrift erfüllt werden (Psalm 41,10): »Der mein Brot isst, tritt mich mit Füßen.« Jetzt sage ich's euch, ehe es geschieht, damit ihr, wenn es geschehen ist, glaubt, dass ich es bin. Wahrlich, wahrlich, ich sage euch: Wer jemanden aufnimmt, den ich senden werde, der nimmt mich auf; wer aber mich aufnimmt, der nimmt den auf, der mich gesandt hat (Johannes 13,1-20).

Für Jesus ist klar, dass sein Weg hier auf Erden bald erfüllt sein wird. Mit seinen Jüngern feiert er die letzte gemeinsame Mahlzeit. Ist das nicht ein Anlass, bedrückt zu sein? Könnte er nicht bitter sein, wenn er darüber nachdenkt, was einer seiner Jünger ihm demnächst antun wird? Davon lesen wir nichts. In dieser dunklen Stunde erfüllt nur eines sein Herz: Er liebt die Seinen bis ans Ende. Diese Aussage ist nicht nur zeitlich zu verstehen. Sie meint auch „bis zur Vollendung". Seine Liebe, die die Jünger während ihrer dreijährigen Lehrzeit bei Jesus erfahren haben, wird sich am Kreuz vollenden; sie wird durch nichts mehr zu überbieten sein. Welch ein Gegensatz: Die spürbare Macht und Gegenwart des Bösen trifft auf die alles überwindende Macht der Liebe. Die Thronbesteigung Jesu beginnt mit der Fußwaschung.

Johannes berichtet mit der sachlichen Genauigkeit eines aufmerksamen Augenzeugen. Was an diesem Abend geschah, hat sich unauslöschlich bei ihm eingeprägt. Gerade noch haben die Jünger sich gestritten, wer von ihnen als der Größte gelten soll (Lukas 22,24-38). Plötzlich verstummen sie. Es verschlägt ihnen die Sprache, als der Herr aller Herren, ohne ein Wort zu sagen, sich von seinem Platz erhebt. Mit neun Tätigkeitswörtern beschreibt Johannes, was jetzt passiert. Es ist wie in einem Stummfilm. Den Ablauf können wir uns noch heute vor Augen malen: Jesus steht auf, legt sein Obergewand ab, nimmt eine Schürze und bindet sie sich um. Peinliche Stille, erwartungsvolle Spannung bei den Jüngern. Dann holt Jesus ein Waschbecken, gießt Wasser ein, wäscht einem nach dem andern die Füße und trocknet sie mit seiner Schürze ab. Jedem Einzelnen schenkt er seine ungeteilte Liebe und Aufmerksamkeit. Er geht zu Petrus. Jetzt erst wird die feierliche Stille unterbrochen. Petrus spricht aus, was die anderen vielleicht nur denken. Es darf doch wohl nicht wahr sein, dass der von Gott Gesandte die erniedrigende Aufgabe erfüllt, die man sonst nur von einem Sklaven erwartet! Er will sich nicht dienen lassen. Jesus aber verfolgt unbeirrt seinen Plan und weist auf die Zeit hin, wenn er nicht mehr bei ihnen auf Erden sein wird. „Was ich tue, das verstehst du jetzt nicht; du wirst es aber hernach erfahren" (Vers 7). Dass er tatsächlich nichts versteht, unterstreicht Petrus auch durch seinen erneuten Abwehrversuch.

Hinter dieser Zeichenhandlung steht die vollendete Liebe, die den Jüngern demonstriert, was die drei anderen Evangelisten mit dem Bericht von der Einsetzung des Abendmahles bezeugen: Das tue ich für euch. Darin zeige ich euch meine Liebe. Wer sich mit den Sitten und Gebräuchen des Orients beschäftigt, weiß: Mit verstaubten Füßen setzt man sich nicht an den Tisch. Die Jünger haben diese Regel ganz bestimmt befolgt, bevor sie sich zur letzten Mahlzeit mit Jesus niedersetzen. Jesus holt nicht etwas nach, was zu Beginn der Mahlzeit vergessen wurde. Er gibt dieser Handlung einen tieferen Sinn: „Werde ich dich nicht waschen, so hast du keinen Teil an mir", sagt er dem nur auf das äußere Zeremoniell festgelegten Petrus (Vers 10). Die Jünger sollen lernen, dass Jesus etwas ewig Gültiges für sie tut. Damit korrigiert er die tief im Menschen verankerte Überzeugung, dass wir immer etwas für Gott tun müssen. Nein, was wir tun, kann immer nur ein Echo sein von dem, was er für uns tut. Jesus drückt zeichenhaft aus, was bis heute gültig ist: Meine Liebe zu euch ist voraussetzungslos. Ich liebe euch, auch wenn ich nicht mehr sichtbar unter euch bin. Nichts kann euch von meiner Liebe trennen.

Die spürbare Macht und Gegenwart des Bösen trifft auf die alles überwindende Macht der Liebe. Die Thronbesteigung Jesu beginnt mit der Fußwaschung.

Petrus erkennt immer noch nicht, worum es Jesus geht. Das Gespräch macht deutlich, was in der Beziehung zu Gott unser Schaden ist. Gott möchte etwas an uns und für uns tun. Doch ganz selten antworten wir vertrauensvoll:

„Tue an mir, was du für richtig hältst. Du weißt, was ich brauche, auch wenn sich das nicht immer mit meinen Wünschen und Vorstellungen deckt." Jesus will uns mit seiner Liebe beschenken, aber wir denken zu gering von uns: „Mein Glaubensleben ist zu armselig. Ich bin es nicht wert. Ich will mich nicht beschenken lassen." Oder wir erliegen der entgegengesetzten Gefahr. Wir sagen: „Es ist nicht genug, was Gott tut. Ich brauche und will noch mehr."

Beide Gefahren werden bei Petrus deutlich. Und beinahe wäre er leer ausgegangen, wenn er selbst das letzte Wort gesprochen hätte, wie es oft seine Art war. Das letzte Wort spricht aber Jesus: „Wer gewaschen ist, bedarf nichts, als dass ihm die Füße gewaschen werden; denn er ist ganz rein" (Vers 10). Jesus will damit sagen: Was ich tue, ist niemals nur ein Teilwerk. Wenn ich meine Hand auf jemanden lege, dann begründe ich damit eine Lebensverbindung, die dauerhaft und unzerbrechlich ist. Niemand kann diese Verbindung kappen. Sie beginnt hier auf Erden und vollendet sich in der Ewigkeit.

Jesus investiert seine Liebe nicht in seine Jünger, damit sie sich wohlig fühlen. Seine Liebe soll beispielhaft für ihr Verhalten sein.

Das Werk Jesu ist jedoch keine Einbahnstraße. Seine Liebe endet nicht in einer Sackgasse. Jesus investiert seine Liebe nicht in seine Jünger, damit sie sich wohlig fühlen. Seine Liebe soll beispielhaft für ihr Verhalten sein. Wenn Jesus am Kreuz erhöht sein wird und Gott alles in seine Hände gegeben haben wird, sollen die Jünger ihren Meister hier auf Erden repräsentieren. Von Gott geliebte Menschen werden befähigt, anderen den Dienst der Liebe, der Vergebung und der Versöhnung zu erweisen.

Wichtig ist, dass unser Glaube vom Kopf ins Herz, in die Hände und die Füße wandert. Hingehen, einander die Hände reichen und das Herz öffnen, ist der Auftrag der Nachfolger Jesu. Selig ist, wer dies tut. Und dafür gibt es keine Altersbegrenzung. Der Gesetzgeber bestimmt, ab welchem Zeitpunkt wir Ruhestandsbezüge bekommen. Aber er entscheidet nicht, wann wir im Reich Gottes in Pension gehen. Dr. Hermann Menge begann seine Bibelübersetzung im 60. Lebensjahr, noch als 90-Jähriger arbeitete er an der 11. Auflage. Der erlernte Beruf und die damit verbundenen Lebenserfahrungen müssen nicht nahtlos im Alter fortgesetzt werden. Aber warum sollte ein ehemaliger Lehrer nicht „Schlüsselkindern" Nachhilfestunden anbieten oder ein Handwerker bei Nachbarn, die nicht mehr auf eine Leiter klettern können, Glühbirnen auswechseln? Ich kenne Senioren, die anderen bei Behördengängen helfen oder bei jungen Eltern das Babysitten übernehmen. Jeder diene mit der Gabe, die er empfangen hat (1. Petrus 4,10a). Da ist jede Generation gemeint. Elf Jünger haben das bei der Fußwaschung verstanden. Nur einer wollte keinen Herrn mit einer Schürze. Jesus ist zwar der Herr, den Gott mit Macht gekrönt hat, er ist aber ein König inkognito, der sich die Schürze eines Sklaven umbindet.

Dienende Liebe ist die Medizin, die Menschen brauchen und suchen. In Gottes Praxis hier auf Erden können sie ohne eigene Zuzahlung damit beschenkt werden.

In der Grundschule diskutierten die Zweitklässler über die Frage, wo Gott wohnt und wo wir ihn heute antreffen können. Die Hälfte der Schüler meinte, dass Gott im Himmel wohne, die andere Hälfte wies ihm eine Wohnung in der Kirche zu. Den Meinungsstreit löste ein Schüler, dessen Vater als Arzt jeden Morgen die Wohnung verließ, um dann in seine Praxis zu fahren. Er sagte seinen Klassenkameraden: „Ihr müsst das so sehen. Gott wohnt im Himmel, aber seine Praxis hat er in der Kirche."

Dienende Liebe ist die Medizin, die Menschen brauchen und suchen. In Gottes Praxis hier auf Erden können sie ohne eigene Zuzahlung damit beschenkt werden. Die Nachfolger Jesu heute sind die Fortsetzungsgeschichte des Lebens, des Liebens und des Leidens Jesu Christi. Jesus ist der Platzanweiser für seine Diener. Das haben die Jünger nach der Auferstehung gelernt. Das erfahren wir heute. Jesus lässt sich immer wieder in der vollendeten Liebe zu uns herab.

„Der Glaube bringt den Menschen zu Gott, die Liebe bringt ihn zu den Menschen", sagte auch Martin Luther. Der Glaube empfängt. Die Liebe gibt.

Nun jauchzt dem Herren, alle Welt!
Kommt her, zu seinem Dienst euch stellt,
kommt mit Frohlocken, säumet nicht,
kommt vor sein heilig Angesicht.

Erkennt, dass Gott ist unser Herr,
der uns erschaffen ihm zur Ehr,
und nicht wir selbst; durch Gottes Gnad
ein jeder Mensch sein Leben hat.
Wie reich hat uns der Herr bedacht,
der uns zu seinem Volk gemacht;
als guter Hirt ist er bereit,
zu führen uns auf seine Weid.

Cornelius Becker, 1602

Ohne Fleiß kein Preis?
Maria und Marta

Es ist eine ständige Herausforderung, die Balance zwischen Ruhen und Aktivität richtig auszupendeln. Und das nicht erst im hektischen 21. Jahrhundert, sondern auch schon vor zweitausend Jahren. Der Evangelist Lukas berichtet von einer Begegnung Jesu im Hause von zwei Schwestern, die seitdem als Namensgeber für ganz unterschiedliche Frömmigkeitstypen herhalten müssen:

Als sie aber weiterzogen, kam er in ein Dorf. Da war eine Frau mit Namen Marta, die nahm ihn auf. Und sie hatte eine Schwester, die hieß Maria; die setzte sich dem Herrn zu Füßen und hörte seiner Rede zu. Marta aber machte sich viel zu schaffen, ihm zu dienen. Und sie trat hinzu und sprach: Herr, fragst du nicht danach, dass mich meine Schwester lässt allein dienen? Sage ihr doch, dass sie mir helfen soll! Der Herr aber antwortete und sprach zu ihr: Marta, Marta, du hast viel Sorge und Mühe. Eins aber ist not. Maria hat das gute Teil erwählt; das soll nicht von ihr genommen werden (Lukas 10,38-42).

Marta ist der Typus der tüchtigen, fleißigen Frau, die nie zur Ruhe kommt. Sie ist unentbehrlich, aber nicht ganz vorbildlich. Maria hat ihren Platz in der Erbauungsliteratur gefunden. Sie ist still und prägt das Bild der weltabgewandten Innerlichkeit. Sie ist entbehrlich, aber vorbildlich. Die Geschichte dieser Geschwister hat sich zu einer Typenlehre entwickelt.

Wir hatten unser Gemeindezentrum eingeweiht. Ich wollte im Büro einige Arbeiten verrichten. Im Gemeindesaal hörte ich Stimmen. Unsere damals zehnjährige Tochter hatte Nachbarskinder eingeladen, die alle brav in der ersten Reihe saßen, während meine Tochter auf dem Podium stand und „predigte". Ich versteckte mich hinter einem Pfeiler. Nach einiger Zeit sagte die Tochter unseres Hausmeisters: „Ich will auch mal vorne stehen und predigen." Antwort unserer Tochter: „Psst! Es muss auch die Stillen im Lande geben."

Es lohnt sich, den kurzen Bericht von der Begegnung Jesu mit Marta und Maria einmal ohne die Brille der landläufigen Vorurteile zu lesen. Jesus kehrt in Betanien, einem kleinen ländlichen Vorort von Jerusalem, im Hause der Marta ein. Sie ist die Hausherrin. Doch Jesus kommt nicht allein. Seine Jünger sind mit von der Partie. Dreizehn Männer stehen vor der Tür. Sie kommen als gern gesehene Überraschungsgäste ohne SMS-Voranmeldung. Das muss festlich begangen werden. Dieser Besuch stellt den normalen Tagesrhythmus auf den Kopf. Der Alltag wird zum Festtag. Das haben beide Frauen begriffen, jede auf ihre Art.

Was unterscheidet sie? Marta tut alles für Jesus. Maria erwartet alles von Jesus. Für Marta ist klar: Alles, was Küche und Vorratsräume hergeben, gehört jetzt auf den Tisch. Für den Gast das Beste. So ist sie erzogen. Als älteste Tochter hat sie vermutlich schon in jungen Jahren sehr oft ihrer Mutter helfen müssen. Gastfreundschaft ist im Orient ein hohes Gut und in der Thora – den fünf Büchern Mose – geregelt. Für Petrus, der diesen Besuch in guter Erinnerung behalten hat, ist sie eine Gnadengabe, ein Charisma: „Seid gastfrei untereinander ohne Murren. Und dient einander, ein jeder mit der Gabe, die er empfangen hat, als die guten Haushalter der mancherlei Gnade Gottes" (1. Petrus 4,9-10).

Für Maria hingegen ist klar: Dieser Besuch ist vielleicht die letzte Chance, Jesus zu begegnen. Er ist unterwegs nach Jerusalem. Seinen Jüngern hat er bereits zweimal angekündigt, dass er in Jerusalem leiden und sterben wird (Lukas 9,21-23.44-45.51). Jetzt ist er auf dem Weg, seine Sendung und sein Lebenswerk zu vollenden. Maria erfasst die Bedeutung dieser wichtigen Begegnung und setzt sich ihm zu Füßen. Das ist nicht in erster Linie als Angabe zu verstehen, wo genau sie Platz genommen hat. Es ist eine Redewendung, die ausdrückt, bei welchem Lehrer jemand studiert. Paulus gebraucht diese Formulierung beispielsweise, als er nach seiner Verhaftung aus seinem Leben erzählt und dabei berichtet, dass er zu Füßen des bedeutenden Lehrers Gamaliel studiert hat (Apostelgeschichte 22,3).

Jesus kritisiert Marta nicht für das, was sie tut. Er erbittet jedoch ihre Aufmerksamkeit, indem er sie zweimal mit Namen anredet.

Was unterscheidet Marta und Maria? Marta tut, was man üblicherweise so tut, wenn Gäste zu Besuch kommen. Das in Vers 40 verwendete Tätigkeitswort meint: Sie lässt sich ganz von der Arbeit in Anspruch nehmen, sie lässt ihr Herz von der Arbeit beschlagnahmen. Und das interpretiert sie dann als Dienst für Jesus. Maria hingegen erfasst die tiefere Bedeutung dieses Augenblicks und tut etwas außerhalb des Üblichen. Normalerweise legen Rabbiner die Thora nicht vor Frauen aus. Doch Maria lässt ihr Herz und ihre Aufmerksamkeit von Jesus beschlagnahmen. Lukas sagt nichts darüber, ob sie vielleicht vorher und nachher Feld- und Hausarbeit verrichtet hat. Bei der umtriebigen Schwester ließ sich das wohl nicht vermeiden. Sie hat ihre Pflichten vermutlich normalerweise nicht vernachlässigt, sonst wäre Marta an ein solches Verhalten gewöhnt gewesen. Diese tadelt auch nicht direkt ihre Schwester. Sie wendet sich an Jesus, damit er die übliche Ordnung wiederherstellt.

Jesus kritisiert Marta nicht für das, *was* sie tut. Er erbittet jedoch ihre Aufmerksamkeit, indem er sie zweimal mit Namen anredet: „Marta, Marta, du hast viel Sorge und Mühe" (Vers 41). Jesus tadelt, wie sie ihren Dienst ausübt. Er deutet ihr Verhalten als Sorge, die sich im Hasten und Hantieren ausdrückt, als Unruhe und Angst, ob auch alles gut gelingen wird. Ihre Sorge besteht darin, dass sie immer überlegt, was sie alles noch besorgen muss. Dabei hat sie übersehen, dass das Leben mehr ist als die Speise und der Leib mehr ist als die Kleidung (Lukas 12,23). Diese Einsicht lernt man nicht in der Küche. Das lernt man, wenn man Jesus zuhört.

Lukas schildert diese Begegnung in nur wenigen Sätzen, quasi im Telegrammstil. Ich kann mir vorstellen, dass Jesus gesagt hat: „Marta, Marta, du tust so, als ob Lebensmittel Mittel zum Leben sind, und hantierst und lärmst, als ginge es um Leben und Tod. Das ‚Besorgen' der unzähligen Dinge, von denen du meinst, dass sie unverzichtbar zum Leben gehören, füllt dich aus, nimmt dich in Anspruch. Deshalb kann ich dich nicht ansprechen, dich mit meinem Wort nicht erreichen. Du bist damit beschäftigt, Dinge zu beschaffen, herzustellen und zu servieren, sodass der Tisch sich biegt. Bedenke doch, dass wir mit wenigem auskommen, genau genommen brauchen wir nur *eines*. Die Hauptsache darf nicht zur Nebensache werden." Lukas hat das in einem Satz festgehalten: „Eins aber ist not", lesen wir in verschiedenen Bibelausgaben in Vers 42. Man kann auch übersetzen: „Weniges ist not." Das hat Maria begriffen. Jesus bescheinigt ihr, dass sie das „gute Teil" erwählt hat. Er gebraucht hier einen Begriff, der auch beim Essen vorkommt und mit „Portion" übersetzt werden kann. Dass man mit wenigem auskommen kann, können viele bezeugen, die die Kriegs- und Nachkriegszeit gemeistert haben. Manche leben es auch heute in unserer Überflussgesellschaft aus freiwilligen Motiven zeichenhaft; und in weiten Teilen unseres Globus sind Menschen dazu gezwungen.

Wir brauchen Menschen wie Marta, die alles für Jesus tun. Was würde aus Krankenhäusern und Pflegeheimen ohne die vielen Marta-Dienste werden? Wir brauchen Menschen wie Maria, die alles von Jesus erwarten. Wohin würde unsere Gesellschaft steuern, wenn sie nicht auf die Stimme des Guten Hirten Jesus Christus achten und Wertmaßstäbe aus dem Wort Gottes ableiten würde? Von dieser Begegnung Jesu im Hause der Marta vor zweitausend Jahren will ich für heute lernen: erst alles von Jesus erwarten und dann nachgeordnet meine To-do-Liste bedenken und alles für Jesus tun.

Such, wer da will, ein ander Ziel,
die Seligkeit zu finden;
mein Herz allein bedacht soll sein,
auf Christus sich zu gründen.
Sein Wort sind wahr, sein Werk sind klar,
sein heilger Mund hat Kraft und Grund,
all Feind zu überwinden.
Ach sucht doch den, lasst alles stehn,
die ihr das Heil begehret;
er ist der Herr, und keiner mehr,
der euch das Heil gewähret.
Sucht ihn all Stund von Herzensgrund,
sucht ihn allein; denn wohl wird sein
dem, der ihn herzlich ehret.

Georg Weißel, 1623

Loslassen und Festhalten

Eine zweifelhafte Größe:
Zachäus

Vermeintliche Sicherheit:
Der reiche Jüngling

Eine zweifelhafte Größe
Zachäus

Es ist erstaunlich, dass wir nach Begegnungen selten genauso weiterleben und weitergehen wie zuvor. Das gilt besonders für Begegnungen mit Jesus Christus. Ob wir danach enttäuscht oder froh sind, es ist jedenfalls mit uns oder an uns etwas geschehen. Von einer Begegnung, nach der jemand im wahrsten Sinne des Wortes erleichtert war, berichtet Lukas.

Und er ging nach Jericho hinein und zog hindurch. Und siehe, da war ein Mann mit Namen Zachäus, der war ein Oberer der Zöllner und war reich. Und er begehrte, Jesus zu sehen, wer er wäre, und konnte es nicht wegen der Menge; denn er war klein von Gestalt. Und er lief voraus und stieg auf einen Maulbeerbaum, um ihn zu sehen; denn dort sollte er durchkommen. Und als Jesus an die Stelle kam, sah er auf und sprach zu ihm: Zachäus, steig eilend herunter; denn ich muss heute in deinem Haus einkehren. Und er stieg eilend herunter und nahm ihn auf mit Freuden. Als sie das sahen, murrten sie alle und sprachen: Bei einem Sünder ist er eingekehrt. Zachäus aber trat vor den Herrn und sprach: Siehe, Herr, die Hälfte von meinem Besitz gebe ich den Armen, und wenn ich jemanden betrogen habe, so gebe ich es vierfach zurück. Jesus aber sprach zu ihm: Heute ist diesem Hause Heil widerfahren, denn auch er ist Abrahams Sohn. Denn der Menschensohn ist gekommen, zu suchen und selig zu machen, was verloren ist (Lukas 19,1-10).

Zachäus wohnte in der Palmenstadt Jericho in der Jordanebene. Diese Stadt war Knotenpunkt verschiedener Verkehrswege und dadurch ein wichtiger Zollplatz. Das öffentliche Leben spielte sich weitgehend auf der Straße ab, am stärksten am Tor. Da wurden alle Neuigkeiten ausgetauscht. Dort war auch das Zollbüro. Alle Durchreisenden mussten an dieser Stelle vorbeikommen, egal, ob sie zum Jordan wollten oder durchs Stadttor zur Weiterfahrt nach Jerusalem. Mit den Zöllnern bekamen es alle zu tun – und auch mit deren erpresserischen, willkürlichen Anordnungen.

Jesus kommt als Durchreisender nach Jericho. Es spricht sich schnell herum, dass er kurz vor Jericho einem Blinden das Augenlicht geschenkt hat (Lukas 18,35-43). Die ganze Stadt kommt in Bewegung. Auch der Generalpächter der Zollstelle. Er ist reich, verdächtig reich, und gehört zu den meistgehassten Leuten von Jericho. Zöllner wurden in einem Atemzug mit Dieben und Räubern genannt. Zachäus wusste selbst, dass er andere betrog. Die römische Besatzungsmacht verpachtete Zollstationen an Meistbietende. Die Höhe der Pachtsumme, die ein Zollpächter an die Römer abzuliefern hatte, war festgelegt und ziemlich hoch. Aber die Abgaben, die von Durchreisenden zu leisten waren, wurden willkürlich vom Zollpächter erhoben. Und er war an einer hohen Rendite interessiert, zumal er auch noch die Raffgier untergeordneter Angestellter befriedigen musste. Man sieht: Wirtschaftliche Rendite und wirtschaftlich-soziale Gerechtigkeit waren schon immer schwerlich miteinander vereinbar.

Zachäus nimmt gesellschaftlich eine widersprüchliche Stellung ein. Von einigen Zeitgenossen wird er beneidet und geschätzt, sofern sie an seinem Reichtum partizipieren. Von anderen gefürchtet und verachtet. Religiös gilt er in den Augen der Frommen als nicht mehr zum Volk Gottes gehörig, weil er durch den Umgang mit den Heiden als unrein einzustufen ist. Zachäus hat sich durch seine Berufswahl also dazu verurteilt, sich selbst der Nächste und damit beziehungslos zu sein. Gleichzeitig ist er aber auch eine Größe in dieser Stadt. Ohne ihn läuft nichts. Jeder hat es mit ihm zu tun, versucht sich mit ihm zu arrangieren. Allerdings ist er eine zweifelhafte Größe. Wegen seiner beruflichen Stellung müssen die Menschen zu ihm aufsehen, wegen seiner Körpergröße können sie auf ihn herabsehen oder ihn sogar übersehen. Für Zachäus ist es sicherlich sehr unangenehm, in jedem Gespräch nach oben blicken zu müssen, um den Gesprächspartner wahrzunehmen. Im wahrsten und im übertragenen Sinne des Wortes verkehren wir mit anderen gerne auf Augenhöhe. Körperliche Beeinträchtigungen verhindern allerdings, dass man unbefangen und sicher auftritt.

In unserem Leben gibt es unverkennbare Zusammenhänge zwischen unserer Gestalt, zwischen äußeren Lebensumständen, unserem Auftreten und inneren Ordnungen.

Wie befreiend, wenn man mit seiner eigenen Biografie versöhnt ist!

Wir sprechen deshalb davon, dass jemand eine „schiefe Figur" abgibt oder „zu kurz gekommen" ist im Leben. Dabei denken wir natürlich nicht nur an Äußerlichkeiten. Bis ins hohe Alter sind viele Menschen nicht mit sich selbst versöhnt, haben kein „Ja" dazu gefunden, in welche Familie sie hineingeboren wurden, welche Ausbildung sie gemacht haben bzw. vielleicht machen mussten oder zu ihrem Lebensstand. Sie leiden und hadern mit ihrem Schöpfer, wenn sie nach ihrer Selbsteinschätzung nicht den landläufigen Schönheitsidealen entsprechen. Wie befreiend, wenn man mit seiner eigenen Biografie versöhnt ist!

Der vom Einfluss her große Mann, Zachäus, ist nicht groß genug, um über die Köpfe der Menschen hinwegsehen zu können. Wir lesen von ihm: „Und er begehrte, Jesus zu sehen, wer er wäre, und konnte es nicht wegen der Menge; denn er war klein von Gestalt" (Vers 3). Wir erfahren nicht, warum Zachäus nach Jesus fragt. Vielleicht ist es einfach nur Neugier. Es ist aber auch möglich, dass hinter seinem Verlangen mehr als nur Schaulust steckt. Eine persönliche Verabredung mit Jesus kann er sich nicht vorstellen, aber ganz entgehen lassen will er sich ihn auch nicht. Doch er bleibt auf Distanz, zum Teil nicht ganz freiwillig, denn in der Menschenmenge gibt es kein Schlupfloch für ihn. Die Menschen sind wie eine dichte Mauer, nicht mit Mörtel zusammengekittet, sondern mit Verachtung und Schadenfreude. Parkettplätze für Honoratioren gibt es nicht, und gibt es bei Jesus bis heute nicht. Zachäus muss zur Selbsthilfe greifen. Er unternimmt eine Kletterpartie; von seinem Hochsitz kann er alles in Ruhe betrachten. Das ist seine

Devise: Alles sehen, aber möglichst nicht gesehen werden. Alles entdecken, aber nicht entdeckt werden. Alles mitnehmen, was geboten wird, aber sich nicht selbst auf einen Weg mitnehmen lassen. So verkehren auch heute viele mit Gott: religiöses Interesse zeigen, aber sich abschirmen. Die Gebote zitieren, aber nach Gutdünken praktizieren. Immer im Spiel bleiben, aber kein Engagement.

Jesus bleibt auf der Straße stehen, ausgerechnet an der Stelle, wo Zachäus zwischen den Ästen des Baumes seinen Beobachtungsposten eingenommen hat. Er sieht Zachäus an. Es gibt wortlose Blicke, die töten können. Wenn Jesus jedoch jemanden anschaut, dann liegt in seinen Augen Akzeptanz und Annahme. „Zachäus, steig eilend herunter; denn ich muss heute in deinem Haus einkehren", sagt er zu ihm (Vers 5).

Jesus sucht Gemeinschaft mit einem Mann, der außerhalb der bürgerlichen Gesellschaft steht. Er entdeckt ihn in seinem Versteck. Zachäus, der Jesus eigentlich nur sehen und beobachten wollte, wird vom Sohn Gottes überrascht. Er will sein Gast sein! Jetzt ist kein Platz mehr für Versteckspiele: Zachäus nimmt Jesus mit Freuden auf.

Ein Buchtitel lautet: Jesus in schlechter Gesellschaft. Das sehen die Leute in Jericho auch so. Es passt ihnen gar nicht, dass Jesus im Haus eines Zöllners, eines an vielen Korruptionsgeschäften Beteiligten, einkehrt. Ihr Murren ist verständlich: Warum kommt Jesus nicht zu denen, die unter der Geschäftspraxis des Zachäus gelitten haben? Was hat man davon, wenn man immer anständig war? Empört und kopfschüttelnd fällen sie ihr Urteil: „Bei einem Sünder ist er eingekehrt" (Vers 7). Aus der Sicht der Leute fällt auf Jesus hier ein Schatten. Zachäus aber weiß: Auf mein Leben fällt jetzt ein Licht. Jesus ist nicht in schlechter Gesellschaft, sondern Zachäus in guter.

Er erkennt, dass er ein Sünder ist. Jesus hat seine Sünde allerdings nicht als Hindernis angesehen, sondern gerade als Grund, mit ihm Kontakt aufzunehmen. Bisher hat er immer erlebt, dass seine Zeitgenossen ihm seine Sünde mit moralischen Vorwürfen und Appellen in Verbindung mit Ablehnung und Ausgrenzung an den Kopf geworfen haben. Jetzt begegnet diesem zwiespältigen Menschen unbefangenes Vertrauen. Wir erfahren keine Einzelheiten, was sich im Haus von Zachäus abspielt, wie das Gespräch zwischen Jesus und ihm bei dieser Begegnung verläuft. Wir erfahren nur, dass Jesus den Gastgeber ehrt, bevor er über Sünde spricht. Er spricht dem Mann zu, was die religiöse Umgebung ihm abspricht: „Denn auch er ist Abrahams Sohn" (Vers 9). Das bedeutet: „Du gehörst für mich auch zu dem Volk der Erwählung und Verheißung Gottes. Ich grenze dich wegen deines Verhaltens nicht aus. Ich möchte eine Beziehung zu dir haben." So oder ähnlich kann das Gespräch verlaufen sein.

Aus der Sicht der Leute fällt auf Jesus hier ein Schatten. Zachäus aber weiß: Auf mein Leben fällt jetzt ein Licht.

Unter diesen Vorzeichen kann Zachäus jetzt auch zu seinem sündhaften Verhalten stehen. Was durch Anklagen und Vorwürfe, durch wohlmeinende Vorschläge zur Wiedergutmachung verdeckt blieb, kommt durch Zutrauen und Freundschaft ans Licht.

Ich hatte einmal ein Erlebnis, das dafür einen guten Anschauungsunterricht bietet und sich mir unvergesslich eingeprägt hat. In einer fremden Stadt begleitete ich einen Mitarbeiter der Mitternachtsmission auf seinem Weg zu den Orten der Verlorenheit. Eine betrunkene Dirne sang auf der Straße ein schrilles Lied. Mein Freund ging unbefangen auf sie zu und sagte zu ihr: „Liebe Frau, ich habe dich singen gehört. Dabei habe ich mir vorgestellt, welch ein Gewinn das für das Reich Gottes wäre, wenn du deine Stimme dem Herrn Jesus Christus schenken würdest."

Weil Jesus ihm das Heil zuspricht, muss er sich nicht mehr verstecken. Öffentlich wird deutlich, was die Begegnung mit Jesus bewirkt hat, was sie in Bewegung setzt.

In diesem Augenblick floss ein Strom von Tränen. So hatte noch niemand mit ihr gesprochen. Da war jemand, der sie nicht wie den letzten Dreck behandelte, der sie als Person annahm und bereits sah, was noch verschüttet in ihrem Leben war. Über Sünde konnte später, wenn sie nüchtern war, gesprochen werden. Ich dachte mir: So oder ähnlich hat Jesus sicher mit Sündern Kontakt aufgenommen.

Die befreiende Zuwendung Jesu bringt die Lebenseinstellung von Zachäus in Bewegung und führt zu einem Sinneswandel. „Siehe, Herr, die Hälfte von meinem Besitz gebe ich den Armen, und wenn ich jemanden betrogen habe, so gebe ich es vierfach zurück" (Vers 8).

Wir begegnen jetzt einem Menschen, der seinen inneren Zwiespalt nicht mehr überspielen muss. Weil Jesus ihm das Heil zuspricht, muss er sich nicht mehr verstecken. Öffentlich wird deutlich, was die Begegnung mit Jesus bewirkt hat, was sie in Bewegung setzt. Zachäus liest nicht im Gesetz nach, was er als Wiedergutmachung zu leisten hat. Er hat Jesu Liebe erfahren und tut nun das, was ihm sein Herz sagt. Liebe rechnet nicht. Das Gesetz schrieb vor, die Schuld zu erstatten und noch ein Fünftel der Schuld hinzuzufügen (4. Mose 5,7). Zachäus war jedoch bereit, weit mehr zu tun. Seine Taten unterstreichen, dass in seinem Leben etwas neu geworden ist. Jetzt geht es nicht mehr um Pflichterfüllung, um das Minimum an Anstand, damit man ein geachteter Mitbürger ist. Jetzt geht es darum, erfahrene Liebe weiterzugeben.

Wenn Jesus Christus ganz real bei uns zu Besuch kommen würde, was würden wir dann tun? Zachäus zeigte seine Konten. Was haben wir offenzulegen? Jesus ist nicht in dieses Haus eingekehrt, um durch seinen Besuch diesen Mann in seiner zweifelhaften Größe zu bestätigen. Jesus wollte deutlich machen, dass er gekommen ist, „zu suchen und selig zu machen, was verloren ist" (Vers 10). Wenn wir Verlorenes finden, dann bringen wir es dahin zurück, wo es hingehört. Das hat der ausgegrenzte Zachäus erfahren. Jesus bringt ihn dorthin, wo er hingehört, nämlich in die Gemeinschaft mit Gott. Und als Folge davon auch in geordnete Beziehungen zu seinen Mitmenschen. Nicht zuletzt wird Zachäus ein heiler Mensch, der wieder in den Spiegel schauen kann. Begegnungen mit Jesus verändern. Und die Auswirkungen werden sichtbar.

Nichts ist, wie es war,
und nichts bleibt, wie es ist,
wenn ein Mensch zu Jesus umkehrt
und sein Leben lebt als Christ.
Dann erstrahlt die Welt
in einem neuen Licht,
dann steht ihm der Himmel offen,
weil Gott selber ihm verspricht:
Ich bin da, ich bin da,
bin dir unbegreiflich nah!
Meine Güte gibt dir Leben,
meine Gnade will vergeben.
Ich bin da! Ich bin da!
Ich, der immer bin und war,
bleib in Ewigkeit derselbe. Ich bin da!

Peter Strauch, 1999
aus: Singt ein Lied von Gott

Vermeintliche Sicherheit
Der reiche Jüngling

Eine weitverbreitete Redensart besagt: Über Geld spricht man nicht. Die Bibel dagegen thematisiert Geld und Besitz im Alten wie im Neuen Testament sehr häufig. Für Jesus war das kein Tabuthema. Rund ein Viertel seiner Gleichnisse bezieht sich auf Vorgänge aus dem Geschäftsleben. Er lehrt, wie man verantwortlich mit Geld umgeht, Besitz mehrt und durch Geben nicht ärmer wird.

Von einer sehr aufregenden Begegnung Jesu mit einem reichen jungen Mann berichten die ersten drei Evangelisten, am ausführlichsten Markus:

Und als er sich auf den Weg machte, lief einer herbei, kniete vor ihm nieder und fragte ihn: Guter Meister, was soll ich tun, damit ich das ewige Leben ererbe? Aber Jesus sprach zu ihm: Was nennst du mich gut? Niemand ist gut als Gott allein. Du kennst die Gebote: »Du sollst nicht töten; du sollst nicht ehebrechen; du sollst nicht stehlen; du sollst nicht falsch Zeugnis reden; du sollst niemanden berauben; ehre Vater und Mutter.« Er aber sprach zu ihm: Meister, das habe ich alles gehalten von meiner Jugend auf. Und Jesus sah ihn an und gewann ihn lieb und sprach zu ihm: Eines fehlt dir. Geh hin, verkaufe alles, was du hast, und gib's den Armen, so wirst du einen Schatz im Himmel haben, und komm und folge mir nach! Er aber wurde unmutig über das Wort und ging traurig davon; denn er hatte viele Güter. Und Jesus sah um sich und sprach zu seinen Jüngern: Wie schwer werden die Reichen in das Reich Gottes kommen! Die Jünger aber entsetzten sich über seine Worte. Aber Jesus antwortete wiederum und sprach zu ihnen: Liebe Kinder, wie schwer ist's, ins Reich Gottes zu kommen! Es ist leichter, dass ein Kamel durch ein Nadelöhr gehe, als dass ein Reicher ins Reich Gottes komme. Sie entsetzten sich aber noch viel mehr und sprachen untereinander: Wer kann dann selig werden? Jesus aber sah sie an und sprach: Bei den Menschen ist's unmöglich, aber nicht bei Gott; denn alle Dinge sind möglich bei Gott (Markus 10,17-27).

Die Geschichte macht uns verlegen und bestürzt uns. Sie beunruhigt uns im Blick auf vermeintliche Sicherheiten. Sie beunruhigt uns im Blick auf den radikalen Anspruch Jesu.

Mit einer ungewöhnlichen Frage und einer ungewöhnlichen Geste beginnt die Kontaktaufnahme dieses jungen Mannes mit Jesus. Er kniet vor ihm nieder und fragt: „Guter Meister, was soll ich tun, damit ich das ewige Leben ererbe?" (Vers 17). Es war nicht üblich, vor einem Rabbi niederzuknien. Und schon gar nicht für einen „Oberen" – so nennt ihn Lukas (Lukas 18,18). Dieser junge Mann war demnach wohl der Vorsteher einer Synagoge und nach den herrschenden Vorschriften mindestens 30 Jahre alt. Durch seinen Kniefall bezeugt er höchsten Respekt für Jesus; ihm will er sich unterstellen.

Vermutlich hat er als Zaungast Jesus predigen gehört (Markus 10,1) und beobachtet, wie Jesus Kranke geheilt und Gebundene befreit hat. Das hat ihn aufgewühlt. Er merkte: Meine Lebensbilanz ist defizitär. Ihn quälte nicht die vordergründige Frage, die für viele Millionen Menschen auf der Erde bis heute unbeantwortet ist, nämlich wovon er Essen und Trinken, Kleidung und eine beheizte Wohnung bezahlen konnte. Das alles und noch viel mehr konnte er sich leisten. Doch ein reiches Leben kann ein leeres Leben sein, wenn man nicht weiß: wofür eigentlich? Manche Fachleute sprechen heute vom Wohlstandstod. Die Regale im Vorratskeller sind gefüllt, das Bankkonto auch. Aber was nützt es, einen vollen Magen zu haben, wenn das Herz leer ist?

Dieser uns mit Namen nicht bekannte Mann fragt Jesus nach einem erfüllten Leben, das sich in die Ewigkeit erstreckt. Er bittet um etwas, das man mit Geld nicht erwerben oder sich selbst geben kann, sondern nur als Geschenk von Gott erben kann. Ewiges Leben ist unzerstörbares Leben, schon heute und morgen und an jedem neuen Tag. Wichtig dabei ist: Die Frage nach dem ewigen Leben ist nicht Geringschätzung des irdisch-natürlichen Lebens. Dennoch ist der Mensch nicht für die Fülle und die Mehrung irdischer Güter geschaffen, sondern für die Fülle der Liebe.

„Was soll ich tun?" So fragt jemand, der gemerkt hat, dass ihm etwas fehlt. Aber für etwas, was man nur ererben kann, kann man eigentlich nichts tun. Jesus geht zunächst auch nicht auf diese Frage ein. Er weist stattdessen die Anrede „guter Meister" zurück. Denn niemand ist gut als Gott allein. Jesus korrigiert die Meinung seines Gegenübers, dass Gutsein im Rahmen menschlicher Möglichkeiten erreichbar ist. Gott ist konkurrenzlos wichtig. Damit weist Jesus auf das erste Gebot hin, ohne es wörtlich zu zitieren. Im Laufe der Begegnung wird das noch konkretisiert.

Die Frage nach dem ewigen Leben ist nicht Geringschätzung des irdisch-natürlichen Lebens. Dennoch ist der Mensch nicht für die Fülle und die Mehrung irdischer Güter geschaffen, sondern für die Fülle der Liebe.

Jesus will der Frage nach dem ewigen Leben nicht ausweichen. Seine Antwort überrascht aber. Er knüpft an das Katechismuswissen des jungen Mannes an: Die Gebote kannte jeder Jude. Allerdings zählt Jesus nur die Gebote auf, die sich auf unser Verhalten zum Mitmenschen beziehen. Warum? Sollten die Gebote, die sich auf unser Gottesverhältnis beziehen, nicht wichtiger sein, wenn es um das ewige Leben geht? Doch Jesus legt den Finger auf die Alltagspflichten. „Niemanden berauben" ist eine Ergänzung Jesu zu den am Berg Sinai von Gott erlassenen Bundespflichten und soll unterstreichen, dass erworbener Reichtum nicht das Resultat von Ausbeutung sein darf. Die Antwort macht letztlich deutlich: Unser Verhalten den Mitmenschen gegenüber drückt unser Gottesverhältnis aus. Nächstenliebe ist die Kehrseite der Gottesliebe.

Die hier aufgezählten Gebote betonen allerdings nur, was wir unterlassen sollen, um unserem Nächsten nicht zu schaden. Sie geben keine Auskunft darüber, was wir zu tun haben. Dadurch zeigt Jesus, dass der moralische Standard eines anständigen Menschen in den Beziehungen zu den Mitmenschen zwar Anerkennung bringt, aber für ein Leben in der Fülle der Liebe in unzerstörbarer Gottesgemeinschaft nicht ausreichend ist. Der Hunger des jungen Mannes nach einem von Gottes Liebe erfüllten Leben blieb daher bislang trotz penibler Gesetzeserfüllung ungestillt.

Die Gebote hat er seit seinem 13. Lebensjahr gehalten, als er als jüdischer Junge in die Gemeinschaft der Synagoge aufgenommen wurde. Jesus lässt die Tugend dieses Mannes durchaus gelten. Er hätte ihn sogar gerne auf dem Passionsweg nach Jerusalem dabei (Verse 17a und 21b). Es heißt: „Jesus gewann ihn lieb" (Vers 21a).

Der Ruf in die Nachfolge ist eine Einladung, in einen Freiraum zu treten, wo Leben und Lebenserfüllung nicht mehr von Besitz und Gütern erhofft wird, sondern von Gott, dem Vater Jesu Christi.

Doch bevor der reiche Jüngling Jesus nachfolgen kann, muss er sich dessen unbestechlicher Diagnose stellen: „Eines fehlt dir" (Vers 21a). Jesus hält fest, was den Mann noch hindert, sich mit ihm auf den Weg machen zu können, also in unmittelbarer Gemeinschaft mit ihm zu leben. Es sind seine Besitztümer. Der junge Mann soll nicht zu seinen bisherigen Leistungen eine weitere Leistung hinzufügen. Wenn sich Jesu Liebe auf einen Menschen richtet, sind die Gebote nicht als Bündel von Forderungen und Verpflichtungen zu verstehen. Der Ruf in die Nachfolge ist eine Einladung, in einen Freiraum zu treten, wo Leben und

Lebenserfüllung nicht mehr von Besitz und Gütern erhofft werden, sondern von Gott, dem Vater Jesu Christi. Um dieses Leben zu empfangen, müssen unsere Hände leer und unsere Herzen ungeteilt auf den Schenkenden ausgerichtet sein. Unsere Gedanken sollen sich mit den Plänen Gottes und nicht mit Börsennachrichten beschäftigen.

Der Vorschlag, den Jesus dem reichen Mann macht, ist ganz persönliche Seelsorge an diesem Menschen mit dem Ziel, dass er frei vom Reichtum und so frei für Gott ist. Er soll das, was ihm bis zu dieser Jesusbegegnung Sicherheit gab, eintauschen gegen Geborgenheit in der Nachfolge Jesu. Er wäre sicherlich bereit, eine größere Spende zu geben. Jesus aber sagt: „alles, was du hast" (Vers 21). Der Sohn Gottes macht ein Angebot. Der Betroffene hört darin aber nur ein Gebot, eine Forderung. Er erkennt nicht, dass er als ein vom Besitz Befreiter in der Freiheit der Nachfolge Jesu Gottes Liebe und damit ewige Gemeinschaft mit Gott geschenkt bekommt.

Er hat die Chance für ein erfülltes Leben hier auf Erden und für ein zukünftiges ewiges Leben verpasst, weil er sich auf die Einladung, die ihm in dieser Begegnung angeboten wurde, nicht einließ.

Was für ein Leben in der Gemeinschaft mit Gott im Wege steht, muss weggeräumt werden. Und da hat jeder seine eigene Geschichte. Der von Jesus eingeladene Mensch muss zwischen dem Wichtigen und Unwichtigen, zwischen dem, was fördert, und dem, was hindert, unterscheiden lernen. Jesus gehört nicht zu denen, die Lebensfreude, Besitz, Genuss diffamieren. Er genießt die Gastfreundschaft im

Hause vermögender Leute und erlaubt einer Frau, ihn mit einem Luxusartikel zu salben. Gleichzeitig weiß er, dass der Reiche durch das, was er hat, gehindert wird, der zu sein, der er nach Gottes Plan sein soll und kann. Reichtum ist nicht böse. Das Herz des Menschen ist böse und an das Diesseits gebunden. Es gelingt ihm nicht, dem Besitz den unbedeutenden Rang einzuräumen, der ihm zukommt.

Ich las von einem Mann, der sehr vermögend war. Bei einem Treffen im Freundeskreis führte er seinen Reichtum auf eine Begebenheit in seiner Jugend zurück. Nach dem Vortrag eines Missionars hatte er als Teenager sein Sparschwein geschlachtet. „Ich habe damals ein ‚Ganzopfer' gebracht. Und Gott hat mich daraufhin gesegnet", erzählte er seinen Freunden. Einer meinte dann: „Versuche es doch noch einmal."

Diese Geschichte und auch die Geschichte von dem reichen jungen Mann hat kein Happy End. Letzterer ist traurig weggegangen, tugendhaft zwar, aber ohne Jesus. Von sich aus. Jesus hat ihn nicht fortgeschickt. Er hat die Chance für ein erfülltes Leben hier auf Erden und für ein zukünftiges ewiges Leben verpasst, weil er sich auf die Einladung, die ihm in dieser Begegnung angeboten wurde, nicht einließ.

Diese Begebenheit findet ihre Fortsetzung in einem Lehrgespräch Jesu mit seinen Jüngern (Vers 28). Diese haben bei ihrer Berufung zwar alles verlassen, aber nicht alles verkauft und den Armen gegeben. Nun sind sie bestürzt, sie entsetzen sich wegen des radikalen Anspruchs. Wir können mit Jesus über alles reden, aber nicht über Rabatte für den Gewinn des ewigen Lebens verhandeln.

Das Bildwort vom Nadelöhr macht das deutlich. Jesus wählt ein absurdes, unvorstellbares Bild, um die völlige Unmöglichkeit zu unterstreichen, dass wir das ewige Leben durch irgendeine Leistung erwerben können. Wir können es nur ererben – und das ist Gottes Gnadengeschenk, das die empfangen, die sich wie Kinder beschenken lassen (Markus 10,13-16). Davon spricht Jesus unmittelbar vor der Begegnung mit diesem armen Reichen. Nur empfangen können wir das Reich Gottes, nicht verdienen. Nur wer alles einmal loslässt, was er sich an materiellen und ideellen und geistigen Besitztümern im Laufe seines Lebens als Absicherung zugelegt hat, hat die Hände, das Herz und alle Sinne frei, um zu empfangen. Welche Sicherungen und Bindungen fesseln uns?

Jesus setzt die Sonde bei jedem Menschen an der Stelle an, wo wir losgelöst vom ersten Gebot, losgelöst von Gottes Herrschaft, unser Leben gestalten. Das gilt für tugendhafte Menschen, die Gottes Gebote weithin beachten, genauso wie für diejenigen, die sich ihre eigenen Gebote machen. Das Vorzeichen für unser Tun und Lassen lautet: Gott über alle Dinge lieben mit ungeteiltem Herzen.

> Ich singe dir mit Herz und Mund,
> Herr, meines Herzens Lust;
> ich sing und mach auf Erden kund,
> was mir von dir bewusst.

Du nährest uns von Jahr zu Jahr,
bleibst immer gut und treu
und stehst uns, wenn wir in Gefahr
geraten, treulich bei.
Du füllst des Lebens Mangel aus
mit dem, was ewig steht,
und führst uns in des Himmels Haus,
wenn uns die Erd entgeht.
Wohlauf, mein Herze, sing und spring
und habe guten Mut!
Dein Gott, der Ursprung aller Ding,
ist selbst und bleibt dein Gut.

Paul Gerhardt, 1653

Lieben und Geliebt werden

Zu viel des Guten?
Die Salbung in Betanien

Allein mit dem Auferstandenen:
Jesus und Petrus

Zu viel des Guten?
Die Salbung in Betanien

Im Sport setzen Menschen ihre Kräfte bis zum Äußersten ein, um einen Pokal oder eine Medaille zu gewinnen. Im Streben nach Gelderwerb verzehren andere ihre Kräfte bis zum Burn-out. Ob es auch Menschen gibt, die bereit sind, sich aus übervollem Herzen für Jesus Christus zu verströmen? Mich hat seit meiner Jugendzeit ein Buch von Oswald Chambers geprägt: Mein Äußerstes für sein Höchstes. Der Titel ist zu meinem Lebensmotto geworden. Das könnte auch für eine Frau gelten, die das beispielhaft vorgelebt hat. Der Evangelist Markus berichtet von ihr:

Und als er in Betanien war im Hause Simons des Aussätzigen und saß zu Tisch, da kam eine Frau, die hatte ein Glas mit unverfälschtem und kostbarem Nardenöl, und sie zerbrach das Glas und goss es auf sein Haupt. Da wurden einige unwillig und sprachen untereinander: Was soll diese Vergeudung des Salböls? Man hätte dieses Öl für mehr als dreihundert Silbergroschen verkaufen können und das Geld den Armen geben. Und sie fuhren sie an. Jesus aber sprach: Lasst sie in Frieden! Was betrübt ihr sie? Sie hat ein gutes Werk an mir getan. Denn ihr habt allezeit Arme bei euch, und wenn ihr wollt, könnt ihr ihnen Gutes tun; mich aber habt ihr nicht allezeit. Sie hat getan, was sie konnte; sie hat meinen Leib im Voraus gesalbt für mein Begräbnis. Wahrlich, ich sage euch: Wo das Evangelium gepredigt wird in aller Welt, da wird man auch das sagen zu ihrem Gedächtnis, was sie jetzt getan hat (Markus 14,3-9).

Dieser Bericht hat einen Rahmen. Unheilswolken ziehen sich über Jesus zusammen. In Jerusalem beraten Hohepriester und Schriftgelehrte, wie sie ihn „mit List ergreifen und töten könnten" (Vers 1). Und nach der beispielhaften Tat der Frau wird berichtet, dass Judas Iskariot, einer der zwölf Jünger, Jesus an die Hohenpriester verrät (Vers 10). Todesbeschluss und Verrat sind der dunkle Rahmen, in dem die überschwängliche Liebestat dieser Frau hell aufleuchtet.

„Sie hat ein gutes Werk an mit getan", sagt Jesus (Vers 6). Er gebraucht hier ein Wort, das man auch mit „schön" übersetzen kann. In der Tat ist das Verhalten der Frau auch eine „schöne Tat", die nicht unter dem Vorzeichen der Nützlichkeit steht. Die Jünger murren. Sie plädieren für gute Taten. Gute Taten sind notwendig, weil sie Not wenden können. Teilen gibt dem Leben Sinn. Schöne Taten aber geben dem Leben Glanz. Beides ist wichtig, beides zu seiner Zeit.

Von der Frau wissen wir wenig. Markus und Matthäus (26,6-13) nennen nicht einmal ihren Namen. Johannes berichtet von einem ähnlichen Geschehen, aber mit anderen Akzenten. Er erwähnt dabei Maria aus Betanien. Wichtig ist jedoch nicht der Name. Wichtig ist, was diese Frau getan hat. Und das bleibt unvergessen, solange in der Welt das Evangelium verkündigt wird.

Markus berichtet ausführlich von der Alabasterflasche und von dem Inhalt dieses Gefäßes: kostbares und kostspieliges Nardenöl. Diese wohlriechende Essenz aus den Wurzeln des Nardenstrauchs wurde zur Freude der Lebenden, aber auch zur Einbalsamierung der Toten gebraucht, sofern man es sich leisten konnte. Ein Tropfen entsprach dem Tageslohn eines Landarbeiters, die Gesamtmenge etwa dem Jahreseinkommen. Eine horrende Summe also. Einzelne Ausleger folgern daraus, dass diese Frau aus Jerusalem kam, also eine Dame aus der Oberschicht in der Gesellschaft war. Vielleicht kam sie aus den Kreisen, die darüber berieten, wie sie Jesus festnehmen und töten könnten? Wusste sie, was in einer Männerrunde geplant worden war? Sollte sie sich aus der Stadt weggestohlen und sich auf den Weg ins drei Kilometer entfernte dörfliche Betanien gemacht haben? Wollte sie noch etwas für den zum Tode Bestimmten tun? Dann wäre sie ein Gegenbeispiel zu Judas Iskariot. Dieser ging von Jesus weg zu den Hohenpriestern, um ihn zu verraten. Sie hingegen bewegte sich von den Schriftgelehrten weg zu Jesus. Warum wohl? Markus berichtet in den Kapiteln 11 bis 13 von den Taten und öffentlichen Reden Jesu in Jerusalem. Es ist doch denkbar, dass diese Frau unter den Zuhörern war und den Eindruck gewonnen hat, dass Jesus der Christus, das heißt der Gesalbte, ist, der verheißene Retter. Ihm will sie nun ihre Liebe zeigen.

Bis zu diesem Zeitpunkt ist Jesus nie öffentlich gesalbt worden. Erst jetzt, kurz vor seiner Kreuzigung, geschieht das durch eine anonyme Frau auf ganz unkonventionelle Weise. Die Salbung findet inmitten einer Männergesellschaft im Hause „Simons des Aussätzigen" statt. Simon war ein jüdischer Modename. Fast jeder dritte Mann hieß so. Deshalb wurden zur Unterscheidung Beinamen gegeben. Der Gastgeber ist also wohl jemand, der früher aussätzig war und vermutlich von Jesus geheilt wurde. Er drückt nun seine Dankbarkeit aus, so wie es sich gehört. Es bleibt alles im Rahmen.

Aus dem Rahmen fällt, was nicht auf der Tagesordnung steht. Eine Frau platzt in diese Runde. Was sie tut, sprengt alle Maße des Üblichen, des Normalen, ja, des Schicklichen. Keiner hätte Einwände gehabt, wenn die Frau das getan hätte, was zur Sitte gehört, nämlich ein paar Tropfen des edlen Öls aufs Haupt zu träufeln. Aber den Gegenwert eines Jahresgehaltes verschwenderisch ausschütten heißt doch, das Geld zum Fenster hinaus- und sich selbst wegzuwerfen. Das kann nur jemand tun, der überkandidelt ist und keine Kosten-Nutzen-Abwägung vornimmt. Was für eine Verschwendung, knurren die Jünger. Dank, Liebe – schön und gut. Aber bitte nichts übertreiben!

Passt nicht der Armeleutegeruch im Stall von Bethlehem sehr viel besser zu Jesus als der Nardenduft in diesem Haus in Betanien?

Die Jünger sind ein Beispiel für viele freudlose, verkniffene Weltverbesserer, die es auch heute noch gibt. Jesus lobt jedoch nicht ihren nüchternen Realitätssinn. Er freut sich vielmehr über den Strom von Dankbarkeit und Liebe, der alle konventionellen Dämme einreißt.

Die Frau schweigt in der gesamten Erzählung. Sie ist nicht stumm, weil sie nichts zu sagen hätte. Liebe braucht keine Worte. Ihre Tat spricht lauter, als Worte es vermögen. Die Männer tuscheln, reden, gebrauchen handfeste Argumente. Sie appellieren an das soziale Gewissen. Wer wollte einem Plädoyer für die Armen widersprechen? Passt nicht der Armeleutegeruch im Stall von Bethlehem sehr viel besser zu Jesus als der Nardenduft in diesem Haus in Betanien? Das soziale Argument ist gut, wenn es nicht in dieser Situation ein Scheinargument wäre. Die Männer werden von der Demonstration verehrender Liebe in ihrer sachlichen wohlgeordneten Beziehung zu Jesus beschämt. Ihre Argumente erlauben ihnen, so zu bleiben, wie sie sind. Der Vorwand sozialer Verantwortung wird bei Judas entlarvt, als er ein wenig später bereit ist, zwecks Selbstbereicherung Bestechungsgelder anzunehmen.

Wenn Nützlichkeitserwägungen die kirchliche oder auch unsere persönliche Tagesordnung bestimmen, wird die Liebe zu Gott gegen die Liebe zum Nächsten ausgespielt oder geht gar ganz in blankem Egoismus auf.

Jesus nennt das Verhalten der Frau also eine „schöne" Tat. Eine schöne Tat kann sicherlich gute Werke nicht ersetzen. Aber gute Werke können auch eine schöne Tat nicht ersetzen. Früher hat die Frau einen teuren Parfümtropfen gebraucht, um ihrer eigenen Erscheinung Glanz zu verleihen. Jetzt verschenkt sie alles an Jesus. „Sie hat getan, was sie konnte", attestiert ihr Jesus (Vers 8). Sie fragt nicht, ob sich das rechnet oder rentiert. Sie fragt nicht, ob weniger nicht auch noch gut genug wäre. Wenn Liebe vernünftig und berechnend ist, dann ist sie keine wahre Liebe.

Jesus deutet das Verhalten der Frau als Vorwegnahme seiner Totenbalsamierung. Er, der sich anschickt, in den Tod zu gehen, ist der König des Lebens. Nach seiner Grablegung wollen Frauen aus dem erweiterten Jüngerkreis den Leichnam Jesu salben – wie es der guten Ordnung entspricht. Aber sie kommen zu spät. Für Taten der Liebe ist also auch der richtige Zeitpunkt ausschlaggebend. Liebe fragt nicht: Muss es gerade jetzt sein? Kann es nicht auch später sein? Später kann zu spät sein. Bei Trauerbesuchen habe ich häufig Selbstanklagen gehört: „Hätte ich doch noch dieses oder jenes getan. Jetzt kann ich das nicht mehr nachholen." Es ist wichtig, auf innere Impulse zu achten, die uns aufmerksam machen, wo andere sich über eine „schöne" Tat freuen würden.

Wenn Nützlichkeitserwägungen die kirchliche oder auch unsere persönliche Tagesordnung bestimmen, wird die Liebe zu Gott gegen die Liebe zum Nächsten ausgespielt oder geht gar ganz in blankem Egoismus auf. Manche meinen sogar, dass es Liebe zu Gott nur in Gestalt der Nächstenliebe gibt. Dabei wird übersehen, dass Gottesliebe nicht in der Nächstenliebe aufgeht. Wer Gottes maßlose Liebe erfahren hat, fragt nicht, ob man für Jesus des Guten zu viel tun kann. Wer das Überfließende als überflüssig disqualifiziert, hat eine sachlich korrekte Jesusbeziehung, aber keine Liebesbeziehung. Jesu Hingabe am Kreuz ist der Beleg, dass wir teuerst bezahlte Menschen sind. Der Preis für unsere Errettung hat Gott nicht nur ein „Jahresgehalt" gekostet. Es hat das Leben Jesu gekostet. Als Dank will ich ihm deshalb auch mein Leben schenken.

Ich bete an die Macht der Liebe,
die sich in Jesus offenbart;
ich geb mich hin dem freien Triebe,
wodurch auch ich geliebet ward;
ich will, anstatt an mich zu denken,
ins Meer der Liebe mich versenken.
O Jesu, dass dein Name bliebe
im Grunde tief gedrücket ein;
möchte deine süße Jesusliebe
in Herz und Sinn gepräget sein.
Im Wort, im Werk und allem Wesen
sei Jesus und sonst nichts zu lesen.

Gerhard Tersteegen,
1751 und 1757

Allein mit dem Auferstandenen
Jesus und Petrus

Elf Ohrenpaare konnten häufig mithören, was Jesus Christus dem Wortführer seines Jüngerkreises, Petrus, sagte. Manchmal waren das anerkennende Worte, manchmal auch Ermahnungen, die den hin und wieder Vorschnellen in die Schranken wiesen. Beispiele dafür kann man bei Matthäus nachlesen (z.B. Matthäus 16,17.23). Daran sehen wir auch: Was Jesus zu sagen hatte, sagte er öffentlich, alle konnten es hören. Es ist schön und hilfreich, Erfahrungen mit Jesus in der Gemeinschaft mit anderen zu machen. Das ist ein Geschenk. Das ist Ermutigung und Hilfe. Das ist Charakterschulung. Da lernt man Rücksichtnahme und Verzicht. Es gibt aber auch Wege, die müssen wir alleine gehen. Es gibt Kämpfe, die wir ohne Hilfe anderer durchfechten müssen. Und es gibt Fragen, die kann niemand anderes für uns beantworten. Von einer solchen Situation berichtet der Evangelist Johannes:

> *Als sie nun das Mahl gehalten hatten, spricht Jesus zu Simon Petrus: Simon, Sohn des Johannes, hast du mich lieber, als mich diese haben? Er spricht zu ihm: Ja, Herr, du weißt, dass ich dich lieb habe. Spricht Jesus zu ihm: Weide meine Lämmer! Spricht er zum zweiten Mal zu ihm: Simon, Sohn des Johannes, hast du mich lieb? Er spricht zu ihm: Ja, Herr, du weißt, dass ich dich lieb habe. Spricht Jesus zu ihm: Weide meine*

Schafe! Spricht er zum dritten Mal zu ihm: Simon, Sohn des Johannes, hast du mich lieb? Petrus wurde traurig, weil er zum dritten Mal zu ihm sagte: Hast du mich lieb?, und sprach zu ihm: Herr, du weißt alle Dinge, du weißt, dass ich dich lieb habe. Spricht Jesus zu ihm: Weide meine Schafe! Wahrlich, wahrlich, ich sage dir: Als du jünger warst, gürtetest du dich selbst und gingst, wo du hinwolltest; wenn du aber alt wirst, wirst du deine Hände ausstrecken und ein anderer wird dich gürten und führen, wo du nicht hinwillst. Das sagte er aber, um anzuzeigen, mit welchem Tod er Gott preisen würde. Und als er das gesagt hatte, spricht er zu ihm: Folge mir nach! (Johannes 21,15-19).

Dieses Gespräch geschieht abseits von den anderen Jüngern. Petrus ist allein in der Sprechstunde mit dem Auferstandenen. Gerade eben noch ein Gruppenbild: Sieben Jünger sind um Jesus versammelt (Johannes 21,2). Jetzt rückt die Kamera nah heran und zeigt in Großaufnahme, wie sich Jesus seelsorgerlich um Petrus kümmert. Wir erfahren auch den Grund für das Beiseitenehmen: Aus einem Versager soll ein mutiger Bekenner werden, der erneut in die Nachfolge gerufen wird. Petrus muss lernen, seinen eigenen Weg zu gehen. Das bleibt lebenslang auch unsere Lernaufgabe, mündig zu werden in der Nachfolge, einzuwilligen in Gottes Weg mit uns, frei zu werden für die eigene Führung. Unterwegs gibt es eine göttliche Eignungsprüfung. Da wird nicht Katechismuswissen abgefragt. Da geht es nicht um den ersten Preis in einem Bibelquiz. Da steht unsere ganz persönliche Jesusbeziehung im Mittelpunkt.

In dieser Begegnung lernen wir Jesus als Seelsorger kennen. Der Sohn Gottes redet hier zu einem Mann, der die Stunde der Versuchung nicht als Sieger, sondern als Versager erlebt hat (Markus 14,26-31), der sich selbst überschätzt und sich von den anderen Jüngern abgegrenzt hat.

Dreimal fragt Jesus nach Petrus' Liebe. Bedeutet das dreimalige Nachhaken eine peinliche, aber notwendige Anspielung auf die Verleugnung des Petrus? Ausdrücklich wird es nicht gesagt, aber es gibt drei Hinweise dafür: Jesus spricht Petrus mit seinem bürgerlichen Namen an: Simon, Sohn des Johannes, und nicht mit dem neuen Namen, den er ihm in Cäsarea Philippi verliehen hat (Matthäus 26,18). Er hat diesem Namen nicht entsprochen.

Petrus muss lernen, seinen eigenen Weg zu gehen. Das bleibt lebenslang auch unsere Lernaufgabe, mündig zu werden in der Nachfolge, einzuwilligen in Gottes Weg mit uns, frei zu werden für die eigene Führung.

Zweitens erinnert Jesus ihn mit der Frage nach seinem Verhältnis zu den anderen Jüngern: „Hast du mich lieber, als mich diese haben?" (Vers 15), an seine frühere Überheblichkeit: „Wenn sie auch alle Ärgernis nehmen, so will ich doch niemals Ärgernis nehmen an dir" (Matthäus 26,33). Und schließlich hängt die Traurigkeit des Petrus nach der dritten Frage Jesu sicherlich mit jener Stunde zusammen, als Petrus im Hofe des Hohenpriesters dreimal gefragt wurde, ob er nicht auch zu Jesus gehört. Dreimal hat er geantwortet: „Ich kenne den Mann nicht!"(Lukas 22,34.54-61). Mit seinem dreimaligen „Ja" lässt Jesus den Petrus jenes dreimalige „Nein" wiedergutmachen.

Aber was heißt schon „wiedergutmachen"? Wir können nichts wiedergutmachen, wir können Schuld nicht ungeschehen machen. Etwas wieder ordnen können wir nur auf der Basis geschenkter Vergebung. Und Vergebung hat Petrus erfahren, als der Auferstandene ihn nicht aus der Mahlgemeinschaft ausgeschlossen hat (Johannes 21,9-14). So ist Seelsorge Jesu: Dem Treulosen erweist er seine Treue, dem Verleugner vergibt der Verleugnete.

So ist Seelsorge Jesu: Dem Treulosen erweist er seine Treue, dem Verleugner vergibt der Verleugnete.

Und das alles ohne ein Wort der Verurteilung, nur mit einem ganz leisen Erinnern an das Vergangene. Jesus sagt nicht: „Ich habe dir doch gleich gesagt, dass du mit deinem Mundwerk Treueschwüre ausspricht, die durch deine konkrete Verhaltensweise keine Deckung haben. Da siehst du mal wieder, wie recht ich hatte. Was habe ich nicht alles in dich investiert und was tust du?" Jesus hat nicht erwartet, dass Petrus wegen seines Versagens zu Kreuze kriecht. Seine Hingabe am Kreuz hat den Versager längst rehabilitiert.

Petrus begreift, dass jetzt nicht die Stunde großer Worte ist. Dreimal überlässt er das Urteil über die Echtheit seiner Liebe dem, der bis in die Tiefen seiner Seele sehen kann. Er verzichtet darauf, über sich selbst und über die anderen zu urteilen. Er weiß jetzt: Jesus kann ich nichts vormachen und ich muss ihm auch nichts vormachen.

Ich bin total durchschaut. Aber ich muss mich auch nicht aus Furcht verkriechen, wenn das Verborgene meines Lebens ans Licht kommt, denn ich werde total geliebt. In der Sprechstunde Jesu erfährt Petrus, wer er selbst ist und wie er im Lichte Gottes aussieht. Und er erkennt, wer Gott ist, der ihm durch Jesus seine Liebe schenkt. Er entdeckt, dass er einen Hirten braucht, der ihn führt und versorgt, dem er auch dann vertrauen kann, wenn es unbekannte und nicht kalkulierbare Lebenswege gibt.

Durch die neue Beziehung zwischen Petrus und Jesus entsteht auch eine neue Beziehung zu den Mitmenschen. Wir können

Die Liebe zu Jesus braucht ein Rückgrat, damit sie nicht vom Hoch oder Tief unserer Gefühle abhängig ist. Sie zeigt sich im Dienst.

Jesus, den Hirten, nicht losgelöst von seiner Herde lieben. Liebe wird in den Evangelien nicht als emotionale Stimmung beschrieben. Sie hat nichts mit Gefühlsüberschwang oder Brautmystik zu tun. Danach ist Petrus in dieser Stunde auch nicht zumute. Liebe zu Jesus braucht eine eigene Norm, nämlich Gehorsam. Liebe und Gehorsam sind eins. Jesus sagt: „Liebt ihr mich, so werdet ihr meine Gebote halten" (Johannes 14,15). Die Liebe zu Jesus braucht ein Rückgrat, damit sie nicht vom Hoch oder Tief unserer Gefühle abhängig ist. Sie zeigt sich im Dienst. Aus dem Fischer, der einmal Menschen fangen sollte, wird ein Hirte, der Gottes Herde hüten und weiden soll. Das Weiden bedarf nicht vieler Worte. Weiden geschieht, vollzieht sich in der Selbstlosigkeit des Dienstes. Wir klagen manchmal einen Anspruch auf Liebe ein. Eltern gefährden die Liebe, wenn sie ihren Kindern sagen: „Was habe ich nicht alles für dich getan! Wie viel Verzicht habe ich in Kauf genommen! Wie viele Nächte habe ich gewacht! Und was ernte ich jetzt dafür?" Liebe rechnet nicht. Gott zu lieben bedeutet, auch die Menschen zu lieben, die Gott so wichtig sind. Das ist die Summe aller Gebote Gottes (Markus 12,29-31).

Eine junge Frau berichtete in einem Gottesdienst unserer Gemeinde, wie sie sich über Monate gegen eine Weisung Gottes gewehrt hatte. An einem Samstag rief sie mich an und sagte: „Beim Bibellesen heute Morgen hat Gott so deutlich zu mir gesprochen, dass ich mich nicht länger gegen seinen Willen stemmen will." Und sie bat darum, am Sonntag im Gottesdienst der Gemeinde davon zu berichten. In ihrem Zeugnis äußerte sie etwas, das ich bis heute nicht vergessen habe: „Als ich gehorchte, wurde ich froh." Liebe ist zuallererst Gehorsam. Daraus wächst dann auch ein Gefühl: Freude, Vertrauen und Dankbarkeit.

Der Oberhirte Jesus (1. Petrus 5,4) erwartet als Ausdruck seiner Liebe den gehorsamen Dienst: „Weide meine Lämmer, weide meine Schafe!" (Verse 15, 16 und 17). Jesus gibt sein Hirtenamt nicht an einen Stellvertreter auf Erden ab. Er würdigt Petrus, sein Gehilfe und Diener zu sein. Auf diesem Weg lernt er, dass es einen unaufhebbaren Zusammenhang zwischen Liebe und Leiden gibt. Als Jesus den ihm von Gott zugedachten Kelch des Leidens am Kreuz bis zur Neige auskosten musste, hat Petrus noch einen Umweg um das Kreuz gemacht. Jetzt weist Jesus darauf hin, dass Liebe zu ihm seine Nachfolger nicht vor Leid bewahrt. Petrus wird Gott einmal durch seinen Märtyrertod verherrlichen.

Im Leiden erweist sich die Echtheit unserer Liebe. Petrus hat dreimal mit Worten bekannt, dass er Jesus liebt. Auch anderen zu dienen kann Ausdruck unserer Liebe sein. Das hat Petrus viele Jahre als Verantwortungsträger geübt. Jesus weist ihn aber darauf hin, dass allem Tun eine Grenze gesetzt ist. Irgendwann wird Petrus nicht mehr nur mit Worten oder Taten bekennen, dass er Jesus liebt. Er wird durch sein Mit-Leiden mit Jesus Gott verherrlichen. Dann kommt seine Liebe zu Jesus zum Ziel.

Gott lieben schließt Leiden nicht aus. Wenn wir Leid aus Gottes Hand nehmen, bekennen wir: „Nichts kann uns scheiden von der Liebe Gottes" (Römer 8,31-39). Leiden bleibt uns nicht erspart, aber „Gott ist treu, der euch nicht versuchen lässt über eure Kraft" (1. Korinther 10,13a).

Ich will dich lieben, meine Stärke,
ich will dich lieben, meine Zier;
ich will dich lieben mit dem Werke
und immerwährender Begier.
Ich will dich lieben, schönstes Licht,
bis mir das Herze bricht.
Ich danke dir, du wahre Sonne,
dass mir dein Glanz hat Licht gebracht;
ich danke dir, du Himmelswonne,
dass du mich froh und frei gemacht;
ich danke dir, du güldner Mund,
dass du mich machst gesund.

Ich will dich lieben, meine Krone,
ich will dich lieben, meinen Gott;
ich will dich lieben ohne Lohne
auch in der allergrößten Not;
ich will dich lieben, schönstes Licht,
bis mir das Herze bricht.

Johann Scheffler, 1657

Chance und Verweigerung

Nein danke!
Die Verwerfung Jesu in Nazareth

Es geht ums Ganze:
Vom Ernst der Nachfolge

Nein danke!
Die Verwerfung Jesu in Nazareth

Es kann passieren, dass Menschen, die man genau kennt, bei einer Begegnung etwas völlig Ungewohntes sagen oder tun. Sie stellen Bewährtes infrage, rücken es in neue Zusammenhänge oder stellen es in ein neues Licht. Sie ernten zunächst Aufmerksamkeit und danach oft Kopfschütteln, weil Denken in eingefahrenen Bahnen einfacher ist als Kurskorrekturen.

In seiner Vaterstadt Nazareth erlebt Jesus bei seiner ersten Predigt nicht nur Kopfschütteln und Unverständnis, sondern handgreifliche Ablehnung. Im Markusevangelium lesen wir davon, Lukas 4,14-29 ergänzt diese Aussagen:

Und er ging von dort weg und kam in seine Vaterstadt, und seine Jünger folgten ihm nach. Und als der Sabbat kam, fing er an zu lehren in der Synagoge. Und viele, die zuhörten, verwunderten sich und sprachen: Woher hat er das? Und was ist das für eine Weisheit, die ihm gegeben ist? Und solche mächtigen Taten, die durch seine Hände geschehen? Ist er nicht der Zimmermann, Marias Sohn, und der Bruder des Jakobus und Joses und Judas und Simon? Sind nicht auch seine Schwestern hier bei uns? Und sie ärgerten sich an ihm. Jesus aber sprach zu ihnen: Ein Prophet gilt nirgends weniger als in seinem Vaterland und bei seinen Verwandten und in seinem Hause. Und er konnte dort nicht eine einzige Tat tun, außer dass er wenigen Kranken die Hände auflegte und sie heilte. Und er wunderte sich über ihren Unglauben. Und er ging ringsumher in die Dörfer und lehrte (Markus 6,1-6).

Jesus kommt in seine Vaterstadt. Heute pulsiert städtisches Leben in diesem Ort. Vor zweitausend Jahren war Nazareth allerdings ein kleines, bedeutungsloses Dorf in Galiläa. Nirgends sonst wird dieser Ort erwähnt. Statt „Vaterstadt" wäre also eher „Heimatdorf" die angemessene Übersetzung. In dieser ländlichen Umgebung hat Jesus 30 Jahre gelebt. Hier hat er wohl aus Holz Pflugscharen hergestellt, Bänke gebaut, Dächer gedeckt, Bettgestelle konstruiert, Joche für Zugtiere gefertigt. Er war der Zimmermann des Dorfes.

Jesus kommt nicht allein. Seine Jünger sind dabei und lernen die Mutter Jesu, seine Geschwister und Nachbarn, seine Altersgenossen und Kollegen kennen. Jesus ist in diesem überschaubaren Ort jedes Gesicht vertraut, und auch umgekehrt weiß jeder, wer er ist. Es handelt sich also um eine Begegnung mit Freunden und Neidern, mit vertrauenswürdigen Nachbarn und solchen, die ihn und seine Familie brandmarken. In der Wendung „Marias Sohn" (Vers 3) liegt etwas Anstößiges. Wenn ein Sohn nach seiner Mutter statt nach seinem noch lebenden oder auch verstorbenen Vater benannt wurde, vermuteten die Menschen damals eine illegitime Geburt. Die Leute in Nazareth haben das Weihnachtsoratorium der Engel in Bethlehem nicht gehört und können sich deshalb keinen Reim auf die Umstände der Geburt Jesu machen. Da brodelt die Gerüchteküche. Es fehlt der Familie das Sozialprestige, um sich allgemeiner Achtung sicher zu sein. Kann man sich wirklich von einem, der aus solch einem Umfeld kommt, etwas sagen lassen?

Wie es seine Gewohnheit ist, geht Jesus in der Stadt, in der er aufgewachsen ist, am Sabbat in die Synagoge. Darauf weist Lukas in seinem Bericht ausdrücklich hin (Lukas 4,16). Er ist also wohl so erzogen worden, dabei zu sein, wenn sich die Männer nach einer bestimmten Ordnung Texte aus dem Gesetz und den Propheten vorlasen. Wer wollte, konnte im Einverständnis mit dem Synagogenvorsteher auch eine freie Rede halten und sich dazu einen Text aussuchen.

Gute Gewohnheiten sind ein Gerüst für die Ordnung des Tages und auch des inneren Lebens.

Ähnlich gehört es auch für mich bis heute zu den guten Gewohnheiten, dabei zu sein, wenn sich die Gemeinde Jesu versammelt. Auch habe ich mir angewöhnt, den Tag mit einem Bibelwort und Gebet zu beginnen und auf die Stimme des guten Hirten zu achten, bevor viele laute Stimmen um Aufmerksamkeit buhlen. Gute Gewohnheiten sind ein Gerüst für die Ordnung des Tages und auch des inneren Lebens.

Gewohnheiten können aber auch entleert werden und damit ohne Leben sein. Sie nutzen sich ab und werden gewöhnlich. Jeder Tag gleicht dem andern. Das Leben wird fade. Wenn ich bei einem Teilnehmer nach einem Gottesdienst oder einer Veranstaltung nachfrage: „Wie war's?", ist die häufigste Antwort: „Wie immer!" Ob da

Anerkennung mitschwingt oder stumpfe Resignation, ist am Tonfall erkennbar.

In Nazareth ist es zunächst auch „wie immer". Der Ablauf des Synagogengottesdienstes ist vorprogrammiert. Lukas berichtet ausführlicher davon (Lukas 4,1-30). Etwas ungewohnt ist jedoch die Spannung, die über diesem Gottesdienst liegt. Es sind mehr Leute da als sonst. Sie haben von den eindrucksvollen Wundertaten Jesu und von seiner Lehrtätigkeit gehört. Und jetzt hat Jesus auch bei ihnen Station gemacht und mit ihm Männer aus Jerusalem und vielen anderen Orten, die zuvor noch niemals in diesem kleinen Kaff gewesen sind.

Jesus lässt sich vom Synagogendiener eine Schriftrolle geben und rollt diese auf. Die Lesung steht ziemlich am Ende des Propheten Jesaja und weist auf den erwarteten Messias hin, der das Gnadenjahr des Herrn ausruft. Er wird Armen das Evangelium, Gefangenen die Freiheit und Blinden das Augenlicht bringen (Lukas 4,18; Jesaja 61,1-2). Als Jesus fertig gelesen hat, wird der Gemeindediener wie immer die Buchrolle genommen und fortgetragen haben. Jesus wird als Redner am Boden Platz genommen haben, denn man sprach sitzend zu den Leuten.

Die Teilnehmer dieses Gottesdienstes kennen diesen Text. Sie haben sicher schon öfter Auslegungen dazu gehört. Seit uralten Zeiten wurde durch Armut verschuldeten Israeliten nach dem Ablauf von jeweils sieben Sabbatjahren, also nach 49 Jahren, ihr Eigentum zurückgegeben. Jedem Israeliten, der Besitz oder auch Freiheit verloren hatte, schenkte Gott auf diese Weise die Möglichkeit, sein Leben unter anderen Bedingungen noch einmal neu anzufangen (3. Mose 25,24-28.32-34). Es wäre üblich gewesen, dass der Ausleger auf die Zeit der Gesetzgebung unter Mose zurückschaut und auf die Zukunft verweist. Dadurch wurden die Zuhörer vertröstet: Irgendwann würde der Gesalbte des Herrn kommen und diese Verheißung erfüllen.

Doch plötzlich ist es in Nazareth nicht wie immer. Nicht deshalb, weil Jesus einen Gottesdienst in neuer Gestalt inszeniert und statt eines Männerchors eine Jugendband mit Hüftschwung auf die Bühne dirigiert. Jesus sagt: „Was Jesaja vor 700 Jahren verheißen hat, ist heute in eurer Mitte erfüllt." Er setzt in seiner Person die Gültigkeit dieses Wortes in Kraft. Er behauptet, dass das, was er liest, heute und hier und jetzt lebendige Gegenwart ist. Die Person Jesu ist die Erfüllung des Jesaja-Wortes. Damit rückt das altvertraute Gotteswort den Leuten in Nazareth auf den Leib, wird zu einem zweischneidigen Schwert, zu einem Hammer, der Felsen und hart gewordene Herzen sprengt.

Es wird berichtet: „Und Jesus kam in der Kraft des Geistes wieder nach Galiläa" (Lukas 4,14). Seitdem gilt für die Nachfolger Christi, dass sie beim Bibellesen nicht wie in einem Heimatmuseum bedenken, was vor 2000 Jahren war, und dann sehnsuchtsvoll in die Zukunft schauen, um auf einen neuen Himmel und eine neue Erde zu warten. Seitdem verkündigen wir: Jesus ist heute derselbe, der er gestern war und morgen sein wird (Hebräer 13,8). Heute ist der Tag des Heils. Jetzt ist die angenehme Zeit (2. Korinther 6,2). Die Gegenwart ist also die Zeit, in der

der Mensch mit Gott in Berührung kommt. Warum leben so viele Menschen mit ihren Gedanken an eine bessere Zeit in der Vergangenheit, warten seit gestern auf das Glück von morgen, leben mit Wünschen von übermorgen und vergessen dabei: Es ist heute?

Dreißig Jahre war Jesus für seine Mitbürger der Zimmermann in ihrem Ort, bei dem man Tag und Nacht klingeln konnte, wenn es etwas zu reparieren gab. Dreißig Jahre haben sie sich daran gewöhnt, dass seine Familie nicht zu den ersten Adressen im Ort gehört. Gewiss, bereits als Kind hörte er lieber weisen Leuten zu, als über Felder und Wiesen zu toben. Bereits als Kind wusste er, dass nicht seine Eltern die höchste Autorität für ihn waren, sondern dass er zu dem unnahbaren, heiligen Gott Vater sagen durfte. Dreißig Jahre war er für sie ein Mitmensch wie die anderen auch, und doch irgendwie anders. Aber was jetzt am Sabbat in der Synagoge passiert, setzt allem die Krone auf. Dieser Zimmermann behauptet, dass er der Mann ist, der nach Gottes Willen die Welt neu und endgültig ordnet!

Die Gegenwart ist die Zeit, in der der Mensch mit Gott in Berührung kommt.

Während Jesus spricht, sind die Zuhörer fasziniert. Sie staunen: Ihr Zimmermann spricht mit von Gott geschenkter Weisheit und Überzeugungskraft. Aber dann merken sie: Sollte er recht haben, dann ist dieser Gottesdienst mehr als eine abwechslungsreiche Versammlung im sonst üblichen „Synagogenjahr". Das Nachdenken beginnt. Ihnen kommen Fragen, fünf an der Zahl, die sie sich und nicht Jesus stellen. Dadurch bleiben sie unter sich. Und sie bekommen nur die Antworten, die in ihre alten Denkmuster passen. Sie wollen in ihrem Vorurteil bestätigt werden und so den Anspruch abwehren, den Jesus stellt.

Sie fragen nach seiner Ausbildung, nach seiner Lehre. Sie kommen zu dem Ergebnis: Eine rabbinische Ausbildung hat er nicht genossen (Johannes 7,15). Sie fragen nach seiner Vollmacht. Woher nimmt er die Autorität, die Gottesherrschaft nicht für einen mehr oder weniger fernen Zeitpunkt anzukündigen, sondern für die unmittelbare Gegenwart? Sie ziehen den Schluss, dass Heilungen eventuell auch in der Kraft des Bösen denkbar sind (Johannes 10,19-21). Sie fragen nach seinem familiären Umfeld; das kennen sie. Aber von dem Messias weiß man doch nicht, woher er kommt; er ist plötzlich da (Johannes 7,27). Das Auftreten Jesu bestätigt ihre vorgefasste Meinung nicht. Ihre Fragen sind nicht offen für Neues. „Zimmermann kann er unter uns sein. Da ist er kompetent. Da kennen wir ihn. Aber unser Messias, der von Gott Gesalbte und von Gott Gesandte, ist er nicht."

Die Leute aus Nazareth wundern sich über Jesus und seinen Anspruch. Und Jesus wundert sich über ihren Unglauben.

Die Leute aus Nazareth wundern sich über Jesus und seinen Anspruch. Und Jesus wundert sich über ihren Unglauben. So wie die Menschen Jesus bisher kannten, ist er ihnen recht. Aber was Jesus jetzt sein will, nehmen sie nicht an. Das Bekannte genügt ihnen. Wer in seinem Leben festgelegt ist und sich aus Überzeugung oder Starrsinn für Neues und Ungewohntes verschließt, sperrt sich gegen Weiterentwicklung.

Jesus bringt Verständnis für seine ehemaligen Nachbarn auf. Ja, die Tatsache, dass man ihn zu Hause ablehnt, bestätigt in seinen Augen eine allgemeine Regel: Wer eine außerordentliche Aufgabe zu erfüllen hat, trifft bei Bekannten und Verwandten oft auf wenig Verständnis. Das ist besonders dann der Fall, wenn jemand nicht in den Rahmen passt, den unsere Vorstellungskraft für ihn geschaffen hat. Manche Träume platzen bei jungen Menschen, weil sie allzu oft gehört haben: „Das kannst du nicht!" Andere stolpern im Leben, weil übertriebener Ehrgeiz der Eltern Hürden aufbaute, die nicht zu meistern waren. Wir dürfen uns von anderen Menschen, besonders auch von unseren Kindern, kein abschließendes Bild machen. Dann werden sie durch unsere Vorstellung eingeengt, manipuliert und daran gehindert, zu sich selbst zu kommen. Liebe gestattet dem andern seine Offenheit auf Gott hin, seine Sendung und seine einzigartige Berufung zu leben. Liebe gibt den anderen frei.

    Der Unglaube in der Umgebung begrenzt nicht die Vollmacht Jesu. Wo aber der Geber guter Gaben, der Heil und Heilung, Licht und Freiheit bringen kann, abgelehnt wird, da offenbart sich Jesus auch nicht durch machtvolle Taten. Denen, die sich helfen lassen wollen, hilft er. Es sind nur einige wenige.

    Die Leute in Nazareth hatten ihre Chance. Die Tür, die für sie offen stand, fällt ins Schloss, als Jesus weiterzieht. Ob das sein letzter Besuch in seiner Heimatstadt war?

Wohl denen, die da wandeln
vor Gott in Heiligkeit,
nach seinem Worte handeln
und leben allezeit;
die recht von Herzen suchen Gott
und seine Zeugniss' halten,
sind stets bei ihm in Gnad.
Mein Herz hängt treu und feste
an dem, was dein Wort lehrt.
Herr, tu bei mir das Beste,
sonst ich zuschanden werd.
Wenn du mich leitest, treuer Gott,
so kann ich richtig laufen
den Weg deiner Gebot.

Cornelius Becker, 1602

Es geht ums Ganze
Vom Ernst der Nachfolge

Die Begegnung mit Jesus schafft für seine Gesprächspartner in der Regel eine Entscheidungssituation, in die sie oft unerwartet hineingezogen werden. Jesus will, dass sie neue Einsichten gewinnen. Er will ihnen zeigen, wie sich Gottes Herrschaft bei ihnen im konkreten Leben auswirkt. Manche nutzen diese Chance, andere vertagen sie oder lehnen sie ab. Davon berichtet Lukas:

Und als sie auf dem Wege waren, sprach einer zu ihm: Ich will dir folgen, wohin du gehst. Und Jesus sprach zu ihm: Die Füchse haben Gruben und die Vögel unter dem Himmel haben Nester; aber der Menschensohn hat nichts, wo er sein Haupt hinlege. Und er sprach zu einem andern: Folge mir nach! Der sprach aber: Herr, erlaube mir, dass ich zuvor hingehe und meinen Vater begrabe. Aber Jesus sprach zu ihm: Lass die Toten ihre Toten begraben; du aber geh hin und verkündige das Reich Gottes! Und ein andrer sprach: Herr, ich will dir nachfolgen; aber erlaube mir zuvor, dass ich Abschied nehme von denen, die in meinem Haus sind. Jesus aber sprach zu ihm: Wer seine Hand an den Pflug legt und sieht zurück, der ist nicht geschickt für das Reich Gottes (Lukas 9,57-62).

Man muss sie lieb haben, diese drei Männer, von denen hier berichtet wird. Ihre Namen sind uns ebenso unbekannt wie der Ausgang dieser Begegnung mit Jesus. Klar ist nur ihr Hintergrund: Offenbar sind sie Samariter, also Angehörige jenes Volkes, das dem Herrn Jesus gerade eine Abfuhr erteilt hat (Lukas 9,51-55). Doch diese drei haben den Mut, gegen den Strom zu schwimmen. Vermutlich haben sie zugehört, als Jesus predigte; sie waren beeindruckt von seiner Persönlichkeit, fasziniert von seinen Wundertaten. Die Bibel sagt nicht direkt etwas dazu.

Jesus hat kurz vor dieser Begegnung den Ernst der Nachfolge geschildert (Lukas 9,23-27) und zweimal sein bevorstehendes Leiden angekündigt (Lukas 9,21-22.43-45). In der Seelsorge wendet er nun das grundsätzlich Gesagte auf die Einzelsituation an. Hinter den Erwartungen und Forderungen Jesu leuchtet sein eigenes Bild auf. In den drei so knapp geschilderten Szenen macht er deutlich, dass er von uns nur das erwartet, was er selbst lebt und tut.

Seine Worte, die uns beim ersten Lesen wie eine kalte Dusche auf das Feuer der Begeisterung vorkommen, sind Ausdruck seelsorgerlicher Hilfe. Es ist, als ob Jesus den Menschen, die mit ihm Kontakt aufnehmen, sagen will: „Überlege, was du tun willst. Bedenke, dass du eine Entscheidung treffen willst, die für das ganze Leben gültig ist. Wie mein Weg aussieht, habe ich dir gesagt. Wer mir nachfolgen will, muss auch diesen mir zugewiesenen Weg mit mir bis zum Ende gehen. Bloße Begeisterung reicht nicht aus."

Da kommt also der Erste, der sich Jesus anschließen will. „Ich will dir folgen, wohin du gehst" (Vers 57), verspricht er. Ob er die Konsequenzen wirklich durchdacht hat? Die Bereitschaft ist zumindest da. Und Jesus hat ja einmal versprochen: „Wer zu mir kommt, den werde ich nicht hinausstoßen" (Johannes 6,37). Warum nimmt Jesus ihn nicht einfach mit offenen Armen auf? Es klingt wie eine Abweisung, wenn er auf seinen Gehorsamsweg hinweist. Das Wort von den Füchsen und Vögeln ist früher ein geläufiges Sprichwort gewesen, das von der „Unbehaustheit" des Menschen spricht. Für Vögel reicht ein Nest, für Füchse eine Grube. Aber Sicherheit bietet das nicht. Ein Sturm kann das Nest zerstören, ein Regenschauer die Grube überschwemmen. Jesus, der Menschensohn, hat hier auf Erden keine Postadresse mit der Aufschrift „privat" und keine diesseitige Sicherheit. Er hat jedoch eine ewige Zukunft.

Diejenigen, die ihm nachfolgen wollen, müssen bereit sein, ihre Zukunft nicht durch Versicherungspolicen abzusichern, sondern mit ihm den Anliegen des Reiches Gottes oberste Priorität einzuräumen. Jesus ist auf dem Weg nach Jerusalem. Der Platz am Kreuz wartet auf ihn. Unzerstörbares, ewiges Leben wird die Antwort seines himmlischen Vaters auf seinen Gehorsamsweg sein. Wer aus Begeisterung „den ganzen Weg" mit Jesus gehen will, hat oft

Vorstellungen von der Nachfolge, die an der Wirklichkeit vorbeigehen. Nachfolge ist nicht sorglose Unbeschwertheit, sie bedeutet auch Verzicht. Wir wissen nicht, ob dieser Mann in der Antwort Jesu eine Abweisung gesehen hat oder eine Einladung herausgehört hat. Jesus wollte ihm jedenfalls deutlich machen, dass es ein Leben in viel größerer Freiheit und Geborgenheit gibt, als sie Vögel haben, die ein Nest bewohnen, und als sie Füchse haben, die ihre Grube kennen. Jesus wollte diesen Mann auf seinen Weg mitnehmen, ganz und gar; nicht nur als Anhalter bis zur nächsten Kreuzung.

In der zweiten Szene ist es Jesus, der den Mann anspricht und ihn zur Nachfolge einlädt. Der sagt nicht Nein. Er verschließt sich dem Angebot Jesu nicht. Er bittet nur um Aufschub: „Herr, erlaube mir, dass ich zuvor hingehe und meinen Vater begrabe" (Vers 59). Christ werden, warum eigentlich nicht, aber zuvor gibt es noch einige wichtige Dinge zu erledigen. In diesem Fall geht es um eine pietätvolle Handlung gegenüber seiner Familie. Diese Pflicht wurde damals sehr hoch bewertet. Totenbestattung galt nach dem Gesetz als Liebespflicht, die allen anderen Pflichten vorangeht. Falls der Vater schon gestorben war, verstößt die Antwort Jesu gegen eine heilige Ordnung und gegen frommen Brauch. Aller Wahrscheinlichkeit nach war der Vater des Mannes aber noch nicht tot. Beerdigungen im Orient duldeten keinen Aufschub bei dem heißen Klima. Weil Bestattungen in der Regel noch am Todestag vorgenommen wurden, wäre dieser Mann wohl nicht unter den Zuhörern gewesen. Vermutlich wollte er sagen: „Erst wenn mein Vater tot ist, werde ich dir nachfolgen. Dann kann ich unser Haus verlassen."

Es gibt sehr viele „Zuvors", bis Leute ernst machen mit dem Glauben. Wenn Eltern sich an ihre Kinder binden oder Kinder die Abnabelung von ihren Eltern nicht schaffen, werden manche Lebenschancen verpasst, die nur in einem bestimmten Augenblick möglich sind. Wenn wir gute Vorsätze aufschieben, bleiben sie nur Absichten und werden nicht zur Tat. Aufgeschoben ist – entgegen dem Sprichwort – doch meistens aufgehoben. Vor allem: Wenn es um Nachfolge geht, können wir mit unseren zwei Händen nicht gleichzeitig nach verschiedenen Zielen greifen. Der Glaube muss mit beiden Händen ergriffen werden, die Ausrichtung nach zwei Seiten ist ausgeschlossen. Wer Jesus nachfolgt, gerät in einen heilsamen Konflikt mit der Tagesordnung dieser Welt, über der ein Todesschatten liegt. Wer an Jesus glaubt, verweigert dem Tod, der nur das vorletzte Wort spricht, den Respekt. Er lebt den Auftrag: „Du aber gehe hin, und verkündige das Reich Gottes!" (Vers 60).

Wer Jesus nachfolgt, gerät in einen heilsamen Konflikt mit der Tagesordnung dieser Welt, über der ein Todesschatten liegt. Wer an Jesus glaubt, verweigert dem Tod, der nur das vorletzte Wort spricht, den Respekt.

Das Reich Gottes ist der Einbruch des Lebens in das Reich des Todes. Totengräberarbeit ist seit der Auferstehung Jesu nicht mehr unser Auftrag. Wir verkündigen den Fürst des Lebens. Es gibt nichts, das ein „Zuvor" rechtfertigt, nichts, das wichtiger als Jesu Auftrag wäre. Die Ordnung des Reiches Gottes lautet: Zuvor, das heißt vor allem anderen, steht die Gottesherrschaft. Das ist die Rangfolge. Das andere gibt sich.

Die dritte Szene ist unserem Alltag sehr nahe. Da ist einer, der sich Jesus anschließen will: „Herr, ich will dir nachfolgen" (Vers 61). Er will seine Dienstzeit bei Jesus aber mit einem „Urlaub" im Kreise seiner Familie beginnen. Das eigentlich Schlechte daran wie auch an den anderen Gründen, die die uns hier vorgestellten Männer vorbringen, ist, dass sie so plausibel und gut sind. Wir beklagen zu Recht den Zerfall der Familie und beglückwünschen Menschen, die ein Leben lang zusammenbleiben. Warum ruft Jesus aber Menschen aus allen Zusammenhängen heraus, die zu unserer bürgerlichen Existenz notwendigerweise gehören? Er will uns deutlich machen, dass es in der Nachfolge nur um ihn geht, dem wir in der Tiefe unseres Herzens vertrauen dürfen. Denn er ist nicht nur für den Himmel zuständig, sondern auch für das tägliche Brot und für das Zusammenleben hier auf Erden. Es gibt nur ein Entweder-oder! Entweder sorgen wir uns um unsere Angehörigen, um unsere Zukunft, unseren Broterwerb und unser bürgerliches Ansehen, dann kommen wir aus den Sorgen nicht heraus. Oder wir setzen die Sorge um das Reich Gottes auf unserer Prioritätenliste ganz nach oben. Dann erleben wir, dass Gott unsere Sorgen zu seinen Sorgen macht (Matthäus 6,33). Wir erfahren,

Wer mit Vorbehalten und Bindungen an das, was ein vergängliches Verfalldatum hat, in die Nachfolge Jesu starten will, entscheidet sich für ein Mitläufertum mit christlichem Anstrich.

dass wir in der Nachfolge Jesu nichts aufgeben und verlassen, was er uns nicht in irgendeiner oft überraschenden Weise vielfach erstattet (Markus 10,29-30).

Jesus tadelt nicht den Wunsch dieses Mannes, sich von seiner Familie zu verabschieden. Er will anschaulich machen, dass es im Leben auf die Blickrichtung ankommt. Gerade Furchen kann nur der ziehen, der unbeeinflusst und unbeirrt nach vorne schaut. Wer in Konkurrenz zur Nachfolge meint, noch vieles andere berücksichtigen zu müssen, hat die falsche Perspektive, weil er zurückschaut, und zieht krumme Bahnen.

Sind die Worte Jesu zu hart? Wird die Entscheidung für Jesus damit nicht sehr schwer, manchem vielleicht zu schwer und damit unmöglich gemacht? Wer mit Vorbehalten und Bindungen an das, was ein vergängliches Verfalldatum hat, in die Nachfolge Jesu starten will, entscheidet sich für ein Mitläufertum mit christlichem Anstrich. Kleine Unentschlossenheiten verderben große Entschlüsse. Wenn Jesus unsere Einwände, unsere „Zuvor" und „Aber", durchstreichen darf, verheißt er uns: „Wer sich an mich bindet, kommt aus allen anderen Bindungen heraus. Wer mich zum Herrn erwählt, kann allen anderen Herren den Laufpass geben." Freiheit kann nur der haben, der sich dem Herrn über Leben und Tod anvertraut. Gott will konkurrenzlos wichtig in unserem Leben sein. Weil er sich für uns einsetzt und sich für uns geopfert hat, hat er auch ein Anrecht auf unsere ungeteilte Hingabe.

Nun so will ich denn mein Leben
völlig meinem Gott ergeben;
nun wohlan, es ist geschehn.
Sünd, ich will von dir nicht hören,
Welt, ich will mich von dir kehren,
ohne je zurückzusehn.
Hab ich sonst mein Herz geteilet,
hab ich hier und da verweilet,
endlich sei der Schluss gemacht,
meinen Willen ganz zu geben,
meinem Gott allein zu leben,
ihm zu dienen Tag und Nacht.

Gerhard Tersteegen, 1731

Sammlung und Sendung

Die Gemeinde – eine bunte Gesellschaft:
Die Berufung der Zwölf

Österlicher Aufbruch ins Grenzenlose:
Die Vollmacht der Jünger

Die Gemeinde – eine bunte Gesellschaft
Die Berufung der Zwölf

Jesus lebte und arbeitete drei Jahre lang in engster Gemeinschaft mit zwölf Männern. Die Jünger, die er auswählte, waren höchst unterschiedlich. Das sorgte für Vielfalt, aber auch für Spannungen und Auseinandersetzungen. Dieser Kreis ist ein verkleinertes Modell und ein Urbild für die spätere Entwicklung der Gemeinde nach Pfingsten bis in die Gegenwart. Wie in der Welt des Kleinen, dem Mikrokosmos, die Welt des Großen, der Makrokosmos, sichtbar ist, so ist im Jüngerkreis die Wirklichkeit der Gemeinde abgebildet. Wir kennen das Mitgliederverzeichnis dieser ersten kirchlichen Zelle, wissen Genaues über ihre Berufung, hören von ihrem Auftrag. Sie ist exemplarisch bis heute.

Und er ging auf einen Berg und rief zu sich, welche er wollte, und die gingen hin zu ihm. Und er setzte zwölf ein, die er auch Apostel nannte, dass sie bei ihm sein sollten und dass er sie aussendete zu predigen und dass sie Vollmacht hätten, die bösen Geister auszutreiben. Und er setzte die Zwölf ein und gab Simon den Namen Petrus; weiter: Jakobus, den Sohn des Zebedäus, und Johannes, den Bruder des Jakobus, und gab ihnen den Namen Boanerges, das heißt: Donnersöhne; weiter: Andreas und Philippus und Bartholomäus und Matthäus und Thomas und Jakobus, den Sohn des Alphäus, und Thaddäus und Simon

Kananäus und Judas Iskariot, der ihn dann verriet (Markus 3,13-19).

Zunächst werfen wir einen Blick von außen auf diesen Kreis. Was für eine bunte Gesellschaft und was für ein Gemisch unterschiedlicher Charaktere! Grundverschiedene Typen hat Jesus da ausgesucht, um mit ihnen zusammen zu sein, sein Leben mit ihnen zu teilen und sie zu unterrichten. Es erscheint mir wie ein Wunder, dass diese Gruppe miteinander ausgekommen ist. Einige haben konservativ jüdische Namen, z.B. Bartholomäus, der vermutlich mit Nathanael (Johannes 1,45) identisch ist, und Philippus. Thomas wiederum ist ein moderner griechischer Name. Die Apostel kommen aus unterschiedlichen Gegenden, Galiläer und Judäer gehören dazu, Leute vom Land und Leute aus der Stadt. Demnach treffen verschiedene Kulturen aufeinander. Ein Arbeitgeber mit dem Meisterbrief für das Fischereihandwerk und zwei seiner Angestellten (Lukas 5,1.10) sind ebenso wie Beamte dabei. Soziale Unterschiede stoßen aufeinander. Zwei Brüderpaare sind mit von der Partie. Anlass für familiäre Konflikte? Wie muss es Andreas gewurmt haben, dass sein Bruder Simon nicht nur zu Hause Regie führte, sondern auch der Wortführer im Jüngerkreis war und mit dem Zunamen Fels aufgeführt wird. Auch charakterlich gehen die Zwölf stark auseinander. Unterschiedlichere Menschen als Johannes und Judas Iskariot kann man sich kaum denken.

Der extremste Gegensatz in der damaligen Gesellschaft bestand zwischen Zöllnern, die als korrupte Leute ohne Moral durch Römergunst ihr Geld verdienten, und einer vaterländischen fanatischen jüdischen Gruppe, die im Kampf gegen die Römer nicht vor Mord und Gewalt zurückschreckte. Aus diesen beiden politisch verfeindeten Lagern ruft Jesus Vertreter in den Jüngerkreis. Levi ist ein ehemaliger Zöllner, der dann Matthäus genannt wird. Simon Kananäus ein Zelot, ein Eiferer (Lukas 6,15; Apostelgeschichte 1,13).

Ein Soziologe würde bei einem Blick von außen auf den Jüngerkreis wohl festhalten: eine Gesellschaft, die von ihren menschlichen Voraussetzungen her für eine Kommunität ungeeignet ist.

Sicher gab es immer wieder Eifersüchteleien zwischen den unterschiedlichen Mitgliedern. Einer der Jünger, Johannes, meinte beispielsweise, dass Jesus ihn besonders lieb hatte (Johannes 13,23; 19,26; 20,2; 21,7). Wie mögen die neun Jünger empfunden haben, als Jesus bei besonderen Anlässen drei andere anscheinend bevorzugte (Markus 5,37; 9,2)? Sie mussten lernen, dass alle die gleiche Würde haben, in unmittelbarer Nähe mit Jesus zu leben, dass es aber unterschiedliche Herausforderungen und Verantwortungen gibt. Diese drei Männer wurden nicht bevorzugt, sondern vorbereitet, in Gethsemane bei dem leidenden Christus auszuhalten (Markus 14,33). Und dann war da die Mutter, die für ihre Söhne bei Jesus etwas Besonderes herausschlagen wollte (Matthäus 20,20) ... Ein Soziologe würde bei einem Blick von außen auf den Jüngerkreis wohl festhalten: eine Gesellschaft, die von ihren menschlichen Voraussetzungen her für eine Kommunität ungeeignet ist.

Es würde sich lohnen, einen Gang durch die vier Evangelien zu machen, um aus vielen weiteren Berichten und Begegnungen das bunte Bild des ersten Jüngerkreises mit weiteren Farbtupfern zu versehen. Wenn Paulus später im Blick auf die Gemeinde schreibt, dass es in Christus weder Juden noch Griechen, Sklaven noch Freie, Mann noch Frau gibt (1. Korinther 12,13; Galater 3,28), dann ist bereits im Jüngerkreis vorgezeichnet, dass in Christus weder Galiläer noch Judäer, weder progressiv noch konservativ, weder politisch links noch rechts, weder radikal noch besonnen, weder wohlhabend noch arm, weder Zöllner noch Zelot etwas gilt. Und auch heute ist es so: Alte gemeinsam mit den Jungen sind zum Lob Gottes aufgerufen. Sie müssen in Stilfragen nicht immer einerlei Meinung sein; sie sollten aber in der Gemeinschaft mit Jesus lernen, einerlei Sinnes zu sein, nämlich „seines Sinnes".

Die Gemeinde Jesu sei „analogielos", hat ein Theologe gesagt. Damit meinte er: Sie ist mit keiner anderen gesellschaftlichen Gruppe zu vergleichen. Wenn ein Matthäus niemandem mehr das Fell über die Ohren ziehen will und ein Zelot keinen gewaltsamen Umsturz mehr plant, dann sind echte Veränderungen durch die liebevolle und gleichzeitig kraftvolle Führung Jesu geschehen. Warum dieser Jüngerkreis Jesu mit keiner anderen rabbinischen Gruppe vergleichbar ist, beantwortet auch der Bericht über die Berufung der zwölf Apostel. Werfen wir einen Blick von innen auf dieses Geschehen.

Die Regie führt Gott. Im Gespräch mit seinem himmlischen Vater klärt Jesus, wer zum Jüngerkreis gehören soll.

Das betont besonders Lukas: „Es begab sich aber zu der Zeit, dass er auf einen Berg ging, um zu beten; und er blieb die Nacht über im Gebet zu Gott" (6,12). Nur so erklärt sich die Zusammensetzung. Nicht aufgrund von Bewerbungsschreiben oder aus Familientradition wird man also Mitglied einer neutestamentlich strukturierten Gemeinschaft. Zur Gemeinde „fügt Gott hinzu" (Apostelgeschichte 2,47).

Jesus ruft in Übereinstimmung mit dem Willen Gottes aus dem großen Kreis seiner Bewunderer und Nachfolger zwölf Männer, „dass sie bei ihm sein sollten" (Vers 14). In rabbinischen Kreisen wählte ein Jünger seinen eigenen Meister und schloss sich freiwillig dessen Schule an. Für die Gemeinde gilt jedoch: Die Initiative geht von Jesus aus. Seine Nachfolger werden nicht nur von ihm berufen, sondern auch zu ihm gerufen. Sie sollen in seiner Nähe sein. Sein Leben will er mit ihnen teilen. Nicht nur durch intellektuelle Belehrung, sondern auch durch gemeinsames Leben sind sie seine Schüler. Die zu formende Gemeinschaft ganz unterschiedlicher Leute wird somit ein Spiegelbild der Gemeinschaft, wie sie zwischen Gott, dem Vater, und Jesus selbst besteht. Diese zwölf Männer sind das Urbild für die dreitausend Gläubigen aus Apostelgeschichte 2,41 und die vielen, die bis heute dazukommen. Sie sieht Jesus vor seinem inneren Auge und betet für sie: „... damit sie alle eins seien. Wie du, Vater, in mir bist und ich in dir, so sollen auch sie in uns sein, damit die Welt glaube, dass du mich gesandt hast" (Johannes 17,21).

Wozu ruft Jesus seine Leute zu sich? Nicht nur, um mit ihnen über Gott und die Welt zu diskutieren, sondern um ihnen für Gott und die Welt die Augen zu öffnen. In der Gemeinde Jesu gibt es einen geistlichen Rhythmus: Sammlung und Sendung. Wer von Jesus herbeigerufen wird und zur Lebensgemeinschaft mit ihm berufen wird, der wird auch aufgerufen, das Evangelium zu verkündigen und böse Geister auszutreiben. Den Heilungsauftrag erwähnt Markus an dieser Stelle nicht. Aber in Kapitel 6,13 lesen wir, dass die Jünger auch diesen Auftrag ausführen, und ganz am Ende dieses Evangeliums (16,18) kommt das Thema ebenfalls vor.

Jesus gibt nicht nur Anweisungen, was zu tun ist. Er gibt auch Teilhabe an seiner Macht. Gemeinde bedeutet nicht, fromm-beschauliche Zirkel zu gründen und religiöse Lebensweisheiten zu bemühen.

Für die Gemeinde gilt jedoch: Die Initiative geht von Jesus aus. Seine Nachfolger werden nicht nur von ihm berufen, sondern auch zu ihm gerufen.

Die ersten Jünger waren durch ihre Berufung autorisierte Ur-Zeugen des Lebens und Sterbens und der Auferstehung Jesu (Apostelgeschichte 1,21-22). Pfingsten heißt: Fortsetzung folgt! Die Gemeinde ist die Fortsetzungsgeschichte Jesu in der Welt. Das Sendewort Jesu und die Teilhabe an seiner Macht sind auch heute aktuell. „Wie mich der Vater gesandt hat, so sende ich euch" (Johannes 20,21).

Henry Ford, der Autokönig, hat gesagt: „Wenn ich einen Dollar für 90 Cent verkaufen will, muss ich dafür werben." Auch die rettende Botschaft, dass Gottes Gnade umsonst ist, muss verkündigt werden. Und das bedeutet, dass wir auf der Seite des Siegers Jesus Christus mit dem Bösen, dem Zerstörerischen und Schöpfungsfeindlichen nichts zu tun haben und allen destruktiven Mächten im Namen Jesu den Garaus machen. In der Gemeinde hat der lebendige Gott eine Filiale auf Erden. Zu Recht wollen hier die Menschen bei Gottesdiensten nicht durch ein Heimatmuseum geführt werden und erklärt bekommen, was vor zweitausend Jahren geschah. Sie wollen miterleben, ob das, was in der Bibel berichtet wird, auch heute noch gilt und geschieht. Leider suchen viele Menschen anderswo, was sie in den Angeboten der Kirche vermissen: Prophezeiungen bei Wahrsagern, Gewissheit über ein Leben nach dem Tod bei Spiritisten, Heilung bei Magnetiseuren. Ein verrationalisiertes und verweltlichtes Christentum ist nicht mehr die erste Adresse, die Menschen aufsuchen, um Jesus Christus zu begegnen. Wo aber die Gemeinde bewusst in der Gegenwart Gottes zusammenkommt, gedenken wir keines toten Freundes, sondern erleben, dass Jesus in diese Welt gekommen ist, um die Werke des Teufels zu zerstören (1. Johannes 3,8).

Ich war einmal Gast in einer kleinen Gemeinde. „Wir sind heute nur 36 Gottesdienstbesucher", sagte der Gemeindeleiter, um mich vorzuwarnen. Zu Beginn der Predigt bat ich: „Zählt doch einmal bitte, wie viele Leute hier sind." – „36 sind wir", meinten alle. Ich sagte: „Ihr habt euch verzählt. Wir sind 37." Ungläubiges Staunen und eine längere Pause, bis jemand merkte, dass sie den anwesenden Herrn Jesus Christus gar nicht mitgezählt hatten. Und dann konnte ich dieser Gemeinde in schlichten Sätzen sagen, dass wir alle unsere Nöte, unsere Schmerzen, unsere Freude, unsere Zweifel, unsere Süchte und Bindungen, unsere Krankheiten dem anwesenden Heiland

Jesus Christus bringen können. Mehrere der Anwesenden haben das getan.

In der Berufungsgeschichte der Apostel ist bereits bezeugt, was für alle Zeiten gültig ist und als Christusgeheimnis aufzunehmen und auszuleben ist: Christus für uns, Christus in uns, Christus durch uns!

Herr Jesus, Grundstein der Gemeinde,
von Ewigkeit bist du gelegt;
du bist es, der mit ewgen Kräften
und heilger Liebe alles trägt.
Der Fels des Heils allein du bist
für alle Zeit, Herr Jesus Christ.
Herr Jesus, Grundstein der Gemeinde,
wir wollen bauen nur auf dich.
Was wir auf dich, den Fels, gebauet,
das bleibt gebauet ewiglich.
Wohl mögen Stürme drübergehn,
es wird dies alles überstehn.

Karl Eisele, 1939

Österlicher Aufbruch ins Grenzenlose
Die Vollmacht der Jünger

Die Evangelien berichten davon, wie Jesus mit vielen Menschen zusammentraf. Manche kennen wir mit Namen, Wohnort und Berufsangabe. Sie hatten unmittelbaren Kontakt mit Jesus. Er schaute in ihre Augen, schüttelte ihre Hände, schenkte ihnen seine ungeteilte Aufmerksamkeit. Heute meinen viele Zeitgenossen: „Ach, hatten die es gut. Die waren bevorzugt." Das trifft aber nicht zu. Nach Abschluss seiner dreijährigen Tätigkeit in einem begrenzten geografischen Umfeld und nach Erfüllung seines Auftrags hier auf Erden hat Jesus heute unbegrenzte Möglichkeiten, uns zu begegnen. Davon berichtet der Evangelist Johannes. Er erzählt, wie der Kontakt zu Jesus nach dessen Kreuzigung zu seinen Leuten nicht abgerissen ist. Und das bezeugen bis heute Männer und Frauen, die in Gemeinschaft mit Jesus leben.

Am Abend aber dieses ersten Tages der Woche, als die Jünger versammelt und die Türen verschlossen waren aus Furcht vor den Juden, kam Jesus und trat mitten unter sie und spricht zu ihnen: Friede sei mit euch! Und als er das gesagt hatte, zeigte er ihnen die Hände und seine Seite. Da wurden die Jünger froh, dass sie den Herrn sahen. Da sprach Jesus abermals zu ihnen: Friede sei mit euch! Wie mich der Vater gesandt hat, so sende ich euch. Und als er das gesagt hatte, blies er sie an und spricht zu ihnen: Nehmt hin den Heiligen Geist! Welchen ihr die Sünden erlasst, denen sind sie erlassen; und welchen ihr sie behaltet, denen sind sie behalten (Johannes 20,19-23).

Hier meldet sich der zu Wort, dessen Name bereits von den Verantwortlichen in Staat, Kirche und Gesellschaft in das Totenregister eingetragen worden ist. Für den nur durch Korruption an der Macht klebenden Kaiphas war die Kreuzigung Jesu ein Schlusspunkt, ebenso für den Opportunisten Pilatus und für den Vertreter des geistlichen Hohen Rates, Hannas; eine unheilige Allianz unterschiedlicher Interessenvertreter. Für Gott ist Karfreitag und Ostern jedoch ein Doppelpunkt: Begegnungen mit Jesus werden weltweit möglich. Sie sind nicht mehr begrenzt auf die kleinen Landschaften Galiläa und Judäa. Es gibt keine Begrenzungen, keine unverschlossenen Türen mehr.

In dieser nachösterlichen Begegnung meldet sich der zu Wort, der vom Tode auferstanden ist. „Friede sei mit euch!" (Vers 19), sagt Jesus denen, die sich aus der Öffentlichkeit verabschiedet haben und hinter verschlossenen Türen die Ereignisse der letzten Tage bedauern. Sie verstehen Gott und die Welt nicht mehr. Doch nun spricht der, bei dessen Geburt die Engel aus der Ewigkeit schon gerufen haben: „Ehre sei Gott in der Höhe und Friede auf Erden!"

Der ewige Friede will nicht im Himmel bleiben. Er lässt sich nicht im Jenseits einsperren. Wenn sich Menschen begegnen, kann es vorkommen, dass jemand immer wieder dasselbe sagt. Darüber kann man schmunzeln oder sich ärgern. Wir wollen uns nicht gerne alles zweimal sagen lassen. Aber bei dieser Begegnung heißt es: „Da sprach Jesus abermals zu ihnen: Friede sei mit euch!" (Vers 21). Es gibt Dinge, die versteht man nicht beim ersten Mal. Oder man will sie nicht verstehen. Der Übergang von der Furcht und vom Schrecken zur Freude will bei den Jüngern nicht so schnell gelingen. Wir müssen uns viele Dinge zweimal und noch häufiger sagen lassen, bevor wir sie begreifen.

Der ewige Friede will nicht im Himmel bleiben. Er lässt sich nicht im Jenseits einsperren.

Nach einer Predigt bat mich eine Frau um ein Gespräch. „Haben Sie einen Tipp für mich oder können Sie mit mir beten, damit die geistliche Wahrheit, die mich heute direkt angesprochen hat, in meine Seele implantiert werden kann?" Das Wort „implantiert" hatte ich in diesem Zusammenhang noch nie gehört. Es beschreibt aber einen berechtigten Wunsch. Denn wie oft haben wir einen Zuspruch oder Anspruch Gottes gehört, ihn aber nicht wirklich in die Tat umgesetzt? Wie viele geistliche Wahrheiten haben wir mit dem Kopf bejaht, ohne dass sie unser Verhalten dauerhaft geprägt haben?

Weil Gottes Friede da hingehört, wo wir friedlosen Menschen wohnen, muss Jesus ihn uns immer wieder zusprechen.

Hinter den verschlossenen Türen haben die Jünger keine Kreativrunde, um zu beraten, wie man die Kreuzigung Jesu mit einem Happy End versehen kann. Sie haben schlicht Angst. In dieser Situation kommt es zu einer Begegnung mit Jesus. Er zeigt ihnen die Wunde, die der Speer der Soldaten gerissen hat. Und er zeigt ihnen seine Hände, durch die die Nägel getrieben wurden. Das soll die Jünger nicht nur emotional anrühren. Daran wird deutlich, dass der auferstandene Christus mit dem Gekreuzigten identisch ist. Sie sollen zur Kenntnis nehmen, dass sie es mit demselben Herrn zu tun haben, mit dem sie drei Jahre ihres Lebens geteilt haben. Der Auferstandene ist derselbe, der bereits auf der Erde Fuß gefasst hat und unter uns Menschen wohnte. Der Friedefürst betritt den Ort der Furcht, der Sünde, der Bitterkeit, des Neides.

Jesus rechnet mit seinen Jüngern nicht ab. Er macht ihnen keinen Vorwurf. Nicht einmal eine Andeutung, dass sie ihn verlassen haben. Sie erleben Jesus so wie zuvor: Er sucht Gemeinschaft mit Sündern, er bleibt ihnen treu, während sie untreu waren. Und gleichzeitig erweitert sich ihr Horizont: Der Auferstandene ist zwar identisch mit dem Rabbi, der sie in seine Nachfolge gerufen hat, doch jetzt sind verschlossene Türen für ihn keine Begrenzung mehr. Sie beginnen zu begreifen, dass er unabhängig von Raum und Zeit weltweit und gleichzeitig Menschen begegnen kann.

Wer nach Ostern lebt, ist gegenüber den Zeitgenossen Jesu nicht benachteiligt. Im Gegenteil. Auch heute können wir dem Herrn begegnen, von dem wir in den Evangelien lesen. Diese Erde ist nun Gottes Wohnung geworden und

Es kommt Luft in unsere verpestete Welt, Luft aus Gottes Ewigkeit. Wir können aufatmen. Es kommt Licht in unsere Dunkelheit. Ein Fenster im Himmel ist aufgegangen.

nicht nur ein vorübergehendes Quartier. Es kommt Luft in unsere verpestete Welt, Luft aus Gottes Ewigkeit. Wir können aufatmen. Es kommt Licht in unsere Dunkelheit. Ein Fenster im Himmel ist aufgegangen.

„Wie mich der Vater gesandt hat, so sende ich euch" (Vers 21). Die Aufgabe der Jünger ist es, dass sich das herumspricht. Was in Bethlehem begonnen hat und am Kreuz vollendet wurde, wird fortgesetzt. Die Jünger treten nicht in eigener Sache auf. Sie treten aber auch nicht mit leeren Händen auf. Jesus rüstet sie für ihre Aufgaben aus, schenkt ihnen seinen Geist, beteiligt sie an seiner Vollmacht. Johannes hat später im Rückblick auf diese Stunden geschrieben: „Was von Anfang an war, was wir gehört haben, was wir gesehen haben mit unsern Augen, was wir betrachtet haben und unsre Hände betastet haben, vom Wort des Lebens … das verkündigen wir auch euch" (1. Johannes 1,1-3). Im hohen Alter gibt er weiter, was er in jungen Jahren geschaut, erkannt und erfahren hat. Es gibt keine Pensionsgrenze für das Weitersagen und Ausleben der Friedensbotschaft. Wenn der Plunder des Unwichtigen, der Ich-Ansprüche, des Selbstmitleids nicht mehr als Schatten den Lebensweg begleitet, können alt gewordene Menschen durch ihre Geduld und ihr Zuhören-Können ihrer Umwelt Frieden schenken.

Was in einer verriegelten Stube vor zweitausend Jahren in Jerusalem beginnt, ist der Auftakt für die Ausbreitung des Evangeliums: Gott bietet uns durch Jesus seinen Frieden an. Von Frieden spricht die gesamte Welt. Eigentlich müssten alle Schlange stehen. Warum sind die Leute also nicht ganz wild auf dieses Angebot, das in der Vergebung der Sünden besteht? Es ist der Friede, auf den es für Zeit und Ewigkeit ankommt. Es ist der Friede, für den Christus gestorben und auferstanden ist. Da hat Gott, ohne nach Rendite zu fragen, eine Vorleistung erbracht. Solch ein Friedensangebot entspricht nicht der Vorstellung des stolzen Menschen, der aus einer Position der Stärke selbst den Frieden aushandeln will. Bis heute aber werden furchtsame Versager zu mutigen Bekennern, wenn Jesus ihnen begegnet, ihnen seinen Frieden und seine Vergebung schenkt.

Es gibt eine viel zitierte Legende, die diese Wahrheit illustriert: Jesus kommt nach Ablauf seines irdischen Lebens in den Himmel. Selbst dort trägt er noch die Wundmale seines Leidens. Der Erzengel Gabriel sagt zu ihm: „Herr, wie sehr musst du für die Menschen gelitten haben! Wissen auch alle, wie sehr du sie geliebt hast?"

„Nein", erwidert Jesus, „noch nicht. Nur ein paar Leute in Jerusalem wissen es."

„Was hast du getan, damit es alle erfahren?", fragt Gabriel.

Jesus antwortet: „Ich habe Petrus und Jakobus und Johannes und noch einige andere gebeten, ihr ganzes Leben darauf zu verwenden, anderen Menschen von mir zu erzählen, und diese wiederum zu veranlassen, noch anderen davon zu erzählen."

„Und was geschieht, wenn diese Männer müde werden und den Auftrag vergessen? Was geschieht, wenn im einundzwanzigsten Jahrhundert die Menschen von dir nichts mehr erzählen? Hast du einen Alternativplan?"

Darauf Jesus: „Nein. Ich verlasse mich auf sie."

Friede sei nun mit euch allen,
die ihr bittend vor Gott steht;
denn mit Händen voller Segen
Christus durch die Reihen geht,
reichlich zu beschenken jeden,
der um seinen Segen fleht.
Licht vom Licht, zu uns gekommen
aus der Welt der Ewigkeit,
mach die Macht des Bösen schwinden,
weichen alle Dunkelheit.
Zünde an in uns dein Feuer,
mach uns selbst zum Dienst bereit.
Und am Ende dieser Tage
lade uns zum Festmahl ein.
Lass uns mit der Schar der Deinen
in dein Lob dann stimmen ein:
Halleluja, halleluja, Gott sei Preis, ihm Ehr allein!

Gerard Moultrie, 1864

Nachwort

Sie haben dieses Buch gelesen. Vermutlich mit Unterbrechungen. Einige von Ihnen werden es jetzt weglegen oder weitergeben. Einige werden sich fragen: Kann ich diesem Jesus auch begegnen? Hat er heute eine Antwort auf meine Zweifel? Hört er heute, wenn ich ihm die Nöte mit meinen Kindern bringe? Kann er heute in meinem Haus einkehren und meiner Familie neue Hoffnung geben? Stillt er heute meinen Durst und Hunger nach Leben und Liebe? Teilt er heute mit mir Freude und Leid? Ich bin überzeugt: Jesus ist heute derselbe, wie er es gestern war, und er wird auch morgen derselbe sein.

Wir wissen, was Jesus tat, was er sagte und warum er starb. Die Evangelien berichten davon. Wir wissen, dass Jesus den Menschen, die ihm begegneten, gesagt hat, dass Gott sie liebt und dass Gott sie will. Er war gerne mit anderen Männern und Frauen zusammen. Wie selbstverständlich finden wir ihn auf einer Hochzeit oder auf einem Fest im Hause eines Pharisäers. Er nahm sich Zeit für Gespräche mit Leuten aus allen Schichten des Volkes. Am Grab eines Freundes weinte er. Ganz offensichtlich machte er auf alle, die mit ihm in Berührung kamen, einen gewaltigen Eindruck. Er war immer Herr der Situation. Er wusste genau, wann er zu handeln hatte, weil er sich viel Zeit nahm, mit seinem himmlischen Vater zu kommunizieren. Seine Zeitgenossen merkten, dass er in einem anderen Verhältnis zu Gott stand als sie. In vielen Punkten ist er uns Menschen gleich, aber gleichzeitig konnte er als Einziger sagen: „Wer von euch kann mich einer Sünde zeihen?" (Johannes 8,46). Und manche erkannten in der Begegnung mit ihm oder nach einer Wundertat durch ihn: „Gott hat sein Volk besucht" (Lukas 7,16).

Mit Jesu Reden und Tun begann das Reich Gottes unter uns Wirklichkeit zu werden und sein Tod ist nicht das Ende seines Wortes und Werkes. Wir glauben und wissen, dass sein Leiden und Sterben Zukunft hat, weil dadurch für uns die Macht der Sünde und die Macht des Todes durchbrochen ist. Was Jesus auf Erden getan hat, war nur der Anfang seines Wirkens. Wie er damals Menschen begegnete, lädt er uns auch heute ein: „Kommt alle her zu mir, die ihr euch abmüht und unter eurer Last leidet! Ich werde euch Ruhe geben. Lasst euch von mir in den Dienst nehmen und lernt von mir."

Wir können Jesus heute begegnen. Ich will von einer Frau berichten, die durch eine solche Begegnung ein neuer Mensch wurde. Es war auf einer Freizeit für Senioren, bei der sowohl Teilnehmer waren, die Jesus schon seit ihrer Jugendzeit nachfolgten, als auch solche, die erst seit einigen Monaten zu unserem Seniorentreff kamen. Diese Frau aus unserer Nachbarschaft gehörte zu letzterer Gruppe. Seit ihrer Konfirmation war sie nur zu Weihnachten in die Kirche gegangen. Nach dem Abendprogramm saßen wir noch mit etwa zwanzig Männern und Frauen in gemütlicher Runde zusammen. Da verriet uns jemand, dass diese Teilnehmerin heute ihren 78. Geburtstag habe, jedoch verboten habe, das zu erzählen. Ich schaute auf die Uhr und sagte: „Holen Sie doch bitte diese Frau in unsere Runde. Dann können wir noch zwei Stunden bis Mitternacht ihren Geburtstag feiern." Gesagt – getan!

Das Geburtstagskind war glücklich und spendierte für alle ein Glas Sekt. Ich fragte sie: „Wie kommt es, dass Sie seit einigen Wochen zu unserem Seniorentreff kommen?" Ihre Antwort verblüffte und erfreute uns. „Wissen Sie, mich beeindruckt, dass es bei Ihnen Männer und Frauen gibt, die mit Gott sprechen, so, als wenn er persönlich da ist." – „Würden Sie das auch gerne können?" – „Ja, kann man das denn lernen?" Ich entgegnete: „Gott kann Ihnen heute ein Geburtstagsgeschenk machen, das Sie Ihr ganzes Leben begleiten wird." Und ich erzählte ihr von Nikodemus, der nachts zu Jesus kam, und von der Frau am Jakobsbrunnen, die ihre Sehnsucht nach einem erfüllten Leben gestillt bekam. Weil Jesus lebt und auferstanden ist, können wir heute genauso Kontakt zu ihm aufnehmen wie die Menschen damals. Dazu war die Frau bereit. Sie sprach mir sehr überlegt ein Gebet nach:

„Herr Jesus, obwohl ich dich nicht sehe und spüre, will ich den Kontakt zu dir suchen. Ich weiß, dass ich dich brauche. Ich habe in meinem Leben bislang nicht nach dir gefragt. Verzeihe mir das. Ich bitte um das Geschenk, das du schon vielen anderen gemacht hast, ein neues Leben. Zeig mir doch, dass du mich annimmst."

Wenige Augenblicke später sagte sie sehr bewegt: „Danke, danke, lieber Herr Jesus!" Dazu brauchte sie meine Hilfe nicht. Kurz vor Mitternacht gingen wir alle sehr glücklich ins Bett.

Am nächsten Morgen fragte ich diese Frau: „War das gestern von mir ein Überfall? Stehen Sie auch bei Tageslicht zu Ihrer Entscheidung?" – „Ja", sagte sie und ergänzte mit leiser Stimme: „Ich glaube, ich hätte mich nicht getraut, wenn ich nicht ein Glas Sekt getrunken hätte." Danach durfte sie jedoch bis zu ihrem Tod auch ohne Sekt im Glauben wachsen und in Gemeinschaft mit Gott und anderen leben.

Mit oder ohne Sekt: Sie können mit eigenen oder auch geliehenen Worten Kontakt zu Jesus suchen. Sie werden erfahren: Wer den Namen des Herrn Jesus anruft, wird von ihm angenommen.

Quellenverzeichnis

Du gibst das Leben
Text & Melodie & Satz: Gerhard Schnitter
© 1974 SCM Hänssler, 71087 Holzgerlingen

Gott ist da
Text & Melodie: Peter Strauch
© 1999 SCM Hänssler, 71087 Holzgerlingen

Herr Jesus, Grundstein der Gemeinde
Text: Kurt Eisele 1939
© Verlag Singende Gemeinde, Wuppertal

Kommt, atmet auf
Text & Melodie: Peter Strauch
© 1992 SCM Hänssler, 71087 Holzgerlingen

Wenn Christus heute Menschen sucht
Bodo Hoppe, 1969
© Christlicher Liederverlag, Langenfeld

Hartmut Bärend (Hrsg.)

Sage nicht, ich bin zu alt
Glauben, reifen, leben

Auch oder gerade im Ruhestand ist das Leben wertvoll, bunt und gefüllt, wenn man mit Gott unterwegs ist. Die einzelnen Autoren regen dazu an, den Reichtum des Alters zu entdecken und es aktiv zu gestalten. Gott schenkt neue Aufgaben und Freiheiten, aber auch neuen Lebensmut.

Mit Beiträgen von Dr. Reinhard Deichgräber, Monika Deitenbeck-Goseberg, Dr. Horst Marquardt, Dr. Henning Scherf u. a.

Gebunden| 13,5 x 20,5 cm| 200 Seiten| Nr. 226.494

SCM R.Brockhaus

Das christliche Magazin für die zweite Lebenshälfte

LebensLauf »

wach glauben » mutig handeln » dankbar genießen

Ihr Begleiter für eine erfüllte Gestaltung der Jahre nach dem Sechzigsten! Lesen Sie spannende Porträts und bewegende Lebenserfahrungen, die zeigen, wie der Glaube im Alltag Kraft entfaltet, wie Sie Ihr Leben aktiv und weise gestalten können. Inspiration und Ermutigung für den Alltag!

6 Ausgaben/Jahr

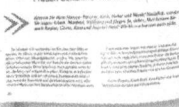

LebensLauf erscheint 6 mal im Jahr.
Ein Abonnement erhalten Sie in Ihrer
Buchhandlung oder unter

Kostenlos testen unter:

www.bundes-verlag.net
Tel. 02302 93093-910
Fax 02302 93093-689

SCM Bundes-Verlag

www.lebenslauf-magazin.net